JOGANDO COM AS DIFERENÇAS

JOGOS PARA CRIANÇAS E JOVENS COM DEFICIÊNCIA: EM SITUAÇÃO DE INCLUSÃO E EM GRUPOS ESPECÍFICOS

2ª EDIÇÃO REVISADA E AMPLIADA

Instituto Phorte Educação
Phorte Editora

Diretor-Presidente
Fabio Mazzonetto

Diretora Executiva
Vânia M. V. Mazzonetto

Editor Executivo
Tulio Loyelo

Assistente Editorial
Talita Gnidarchichi

JOGANDO COM AS DIFERENÇAS

JOGOS PARA CRIANÇAS E JOVENS COM DEFICIÊNCIA:
EM SITUAÇÃO DE INCLUSÃO E EM GRUPOS ESPECÍFICOS

2ª EDIÇÃO REVISADA E AMPLIADA

Rosilene Moraes Diehl

Phorte editora
São Paulo, 2008

Jogando com as diferenças
Jogos para crianças e jovens com deficiência: em situação de inclusão e em grupos específicos

Rua Treze de Maio, 596
Bela Vista – São Paulo – SP
CEP: 01327-000 – Brasil
Tel/Fax: (11) 3141-1033
Site: www.phorte.com *E-mail*: phorte@phorte.com

CIP-BRASIL. CATALOGAÇÃO-NA-FONTE
SINDICATO NACIONAL DOS EDITORES DE LIVROS, RJ.

D56j

Diehl, Rosilene Moraes
Jogando com as diferenças : jogos para crianças e jovens com deficiência: em situação de inclusão e em grupos específicos
/ Rosilene Moraes Diehl. - 2. ed. - São Paulo : Phorte, 2008
il.

Apêndice
Inclui bibliografia
ISBN 978-85-7655-158-4

1. Educação física para crianças deficientes. 2. Aprendizagem motora. 3. Inclusão em educação. 4. Crianças deficientes - Educação. 5. Jogos educativos. I. Título. II. Título: Jogos para crianças e jovens com deficiência.

07-3469. CDD 371.9044
CDU 376-053.2

11.09.07 11.09.07 003454

Impresso no Brasil
Printed in Brazil

AGRADECIMENTOS

Quando se chega ao término de uma tarefa realizada e olha-se para os rastros do caminho percorrido, percebe-se que muitas pessoas foram importantes na construção dessa trajetória. Algumas diretamente e outras não tão de perto. Muitas não mencionarei, mas todas que passaram por mim estejam certas de que contribuíram de alguma forma.

Este livro não teria sido possível sem a contribuição de Hilneida Fátima Soares. Nossos encontros e discussões vêm não apenas deste caminho, mas de uma amizade de 25 anos em que compartilhamos grandes emoções. Ufa! Conseguimos!

Algumas leituras e observações foram feitas ainda nos rascunhos de um livro e que muito me auxiliaram. Agradeço ao Dr. Márcio Oliveira e ao Ms. Edmilson dos Santos pelos olhares lançados sobre esses rascunhos.

Minha amiga Dra. Isabela Alves dos Santos, que estuda os comportamentos dos animais (abelhas), mas que sabe muito sobre os seres humanos: obrigada, Isabel, por suas palavras inteligentes.

Agradeço ao Ms. Rogério Voser pelo olhar sempre atento no futuro. Obrigada pelo apoio!

A todos os acadêmicos do curso de Educação Física da Ulbra e do Unilassale que fizeram as disciplinas de Educação Física Especial Aplicada, Atividade Motora Adaptada e Ginástica III — Adaptada comigo, agradeço por nossos diálogos.

Aos estagiários que passaram pelo Ceama e àqueles que lá estão, pela construção de um dia-a-dia feliz para os alunos do Centro. Vocês fazem a diferença.

Aos meus amigos e amigas do “Bico”, onde as discussões transpõem os “muros”.

Aos meus pais, Debraim e Julieta, por me ensinarem a amar.

Ao Uli... Por tudo.

Rosilene Diehl

APRESENTAÇÃO

Este livro foi concebido para servir de instrumento orientador aos acadêmicos e profissionais do campo da Atividade Motora Adaptada (AMA).[1] Como suporte teórico e prático, pretende oferecer subsídios para um maior conhecimento desta área ainda nova e pouco explorada. Acredito ter pelo conhecimento que adquirimos condições de propor alternativas que mudem o panorama atual.

Esta obra é resultado de minha formação em Educação Física,[2] de trabalhos realizados como voluntária[3] na AMA, de especialização em Educação Física Adaptada e mestrado em Ciências do Movimento Humano.[4] Minha formação acadêmica foi essencial na aquisição dos fundamentos necessários para atuar com crianças e jovens com deficiência. Todavia, devo dizer que foi no dia-a-dia, com atividades esportivas, recreativas e de dança realizadas em escolas regulares, especiais, nas associações para pessoas com deficiência e no CEAMA,[5] que coordeno há 7 anos, que encontrei subsídios e reforço para compartilhar com o leitor as experiências adquiridas ao longo de minha vida profissional.

Porém, são as discussões mantidas com os acadêmicos[6] do curso de Educação Física nas universidades onde atuo,[7] e também com os estagiários do CEAMA (alguns deles surdos, com deficiência física ou baixa visão), que me fazem construir e também desconstruir meus saberes.

Acredito ser nesses encontros que diferentes situações permitem refletir sobre "ser diferente", em grupos tidos como "normais" ou em grupos específicos. Esta troca auxilia no entendimento do trabalho adequado com pessoas com deficiência, levando em conta sua individualidade, além de suas necessidades.

Entretanto, não existe uma verdade em atividade motora adaptada. Existem vários "diálogos" nesta área. Creio que essas diferenças no pensar sejam importantes para criar uma tensão necessária. Porém, devem ser respeitadas,

---

[1] Neste livro, a expressão AMA será utilizada para definir as atividades esportivas, recreativas e expressivas realizadas na Educação Física de pessoas com deficiência, de forma inclusa ou em grupos específicos.
[2] Instituto Metodista Porto Alegre – IPA, 1990.
[3] Voluntária no Spaulding Rehabilitation Hospital e na Boston Public Schools em Boston, Massachusetts, EUA, de 1991 a 1993.
[4] Universidade Federal do Rio Grande do Sul – UFRGS, 1995 e 1999, respectivamente.
[5] Centro de Estudos da Atividade Motora Adaptada do Departamento de Educação Física da Universidade Luterana do Brasil – ULBRA, que tem por objetivo auxiliar na formação de acadêmicos na área da atividade motora adaptada e, conseqüentemente, criar opções de lazer esportivo para crianças e jovens com deficiência. O Centro foi fundado em maio de 1997, com o programa de capoeira para crianças e jovens surdos. Atualmente, o Centro atende semanalmente 150 crianças e jovens em diferentes programas de esporte, recreação e dança.
[6] Inclusive os acadêmicos surdos, com deficiência física e baixa visão.
[7] ULBRA e Centro Universitário Unilasalle, ambos em Canoas (grande Porto Alegre), RS.

partindo-se do princípio de que todos trabalham visando a construção de um mundo onde as alteridades sejam aceitas.

Neste contexto, o presente livro aborda atividades e orientações que julgo serem adequadas às pessoas que trabalham com crianças e jovens surdos, cegos, com baixa visão, com deficiência mental e com deficiência física.

Na primeira parte do livro, faço uma breve contextualização da evolução da atividade física no mundo e no Brasil; da Educação Física para alunos surdos; alunos com baixa visão e cegos, alunos com deficiência mental e físico-motora. Na segunda parte, há propostas de jogos que, em geral, já são praticados nas escolas. Esses jogos foram adaptados para crianças e jovens jogarem tanto em situação de inclusão quanto em grupos com necessidades similares.

Em cada capítulo serão apresentadas as características principais de cada grupo, sua classificação e maneiras de se trabalhar com eles de forma diferenciada, buscando atingir o máximo de aproveitamento, conforme a necessidade. A terminologia utilizada refere-se a grupos com características similares. No caso de deficiências que não se enquadram em uma classe específica, é usado o termo "pessoas com deficiência". Ao longo do livro, há dicas de filmes, associações esportivas e endereços de sites que podem orientar e esclarecer ainda mais os profissionais de Educação Física e áreas afins.

Espero que o conteúdo deste livro possa auxiliar na qualidade das aulas de Educação Física Adaptada ou orientar profissionais quanto a situações de inclusão. Trata-se de um tema muito abrangente, por isso não serão discutidas todas as informações existentes e cabíveis para as atividades esportivas, recreativas e expressivas dos alunos com deficiência. Porém, espero que profissionais da área da AMA possam propor atividades, para essas crianças e jovens, que saiam de uma visão clínica para uma visão pedagógica. Que possam auxiliar esses indivíduos na aquisição de hábitos de vida ativa, levando-os a um melhor conhecimento de seu corpo.

Escrevo e divido com o leitor parte do que estudo e vivencio, com o propósito de desenhar o "rosto do futuro sem lágrimas em seus olhos" e traçar caminhos para um mundo mais solidário e capaz. Desejo um corpo alegre e cheio de vida para todos, crianças, jovens e adultos com deficiência ou não.

SUMÁRIO

LISTA DE SIGLAS 13

PARTE I

INTRODUÇÃO 17

CAPÍTULO 1

DIFERENTES ABORDAGENS 19
CONTEXTO HISTÓRICO 21
POPULAÇÃO 30
ATIVIDADE MOTORA ADAPTADA 31
DESPORTO OLÍMPICO SURDO 31
MOVIMENTO PARAOLÍMPICO 33
OLIMPÍADA ESPECIAL 35
FORMAÇÃO PROFISSIONAL 36

CAPÍTULO 2

MUNDO VISUAL: CONTEXTO SURDO 41
A PERDA AUDITIVA 42
LOCALIZAÇÃO DA LESÃO 42
Audiometria 42
CAUSAS DA SURDEZ 44
LÍNGUA DE SINAIS 45
CONTEXTO CULTURAL 54
DESENVOLVIMENTO DA CRIANÇA E DO ADOLESCENTE SURDO 55
ORIENTAÇÕES METODOLÓGICAS 56

CAPÍTULO 3

SONS QUE TOCAM: CONTEXTO CEGO E DE BAIXA VISÃO 61
CLASSIFICAÇÃO 62
DEFINIÇÃO GLOBAL 62
DEFINIÇÃO DA ORGANIZAÇÃO MUNDIAL DA SAÚDE (OMS) 63
CLASSIFICAÇÃO ESPORTIVA 63
CAUSAS DA DEFICIÊNCIA VISUAL 64
A CRIANÇA E O ADOLESCENTE CEGOS E DE BAIXA VISÃO 66
ORIENTAÇÃO E MOBILIDADE 68
CÃO-GUIA 69

TÉCNICA DA BENGALA 70
GUIA HUMANO OU VIDENTE 70
ORIENTAÇÕES METODOLÓGICAS 71

C A P Í T U L O 4

DEFICIÊNCIA MENTAL 75
COEFICIENTE INTELECTUAL 76
ORIGENS 77
GENÉTICAS 77
DESORDEM QUÍMICA 77
DESORDEM CROMOSSÔMICA 78
COMPLICAÇÕES PRÉ-NATAIS 80
COMPLICAÇÕES NO PARTO 82
COMPLICAÇÕES PÓS-NATAIS 83
SÍNDROME DO AUTISMO 83
EXAMES PRÉ-NATAIS 85
DEFICIÊNCIA MENTAL X DOENÇA MENTAL 86
ORIENTAÇÕES METODOLÓGICAS 87

C A P Í T U L O 5

DEFICIÊNCIA FÍSICA 91
ORIGENS DA DEFICIÊNCIA FÍSICA 93
ORIGEM CEREBRAL 93
Paralisia Cerebral (PC) 94
Causas da Paralisia Cerebral 94
Traumatismo Crânio-Encefálico 95
ORIGEM MEDULAR 95
Poliomielite 95
Espinha Bífida 96
Lesões Medulares Degenerativas 97
Traumatismos Medulares 97
ORIGEM MUSCULAR 99
Distrofia Muscular Progressiva de Duchenne 99
ORIGEM ÓSSEO-ARTICULAR 99
Malformações 99
Amputação 100
Níveis de Amputação 100
MOBILIDADE DOS INDIVÍDUOS COM DEFICIÊNCIA FÍSICA 101
O USO DA PRÓTESE 102
ORIENTAÇÕES METODOLÓGICAS 103
PESSOAS COM AMPUTAÇÃO 103
PESSOAS COM DISTROFIA MUSCULAR 103
PESSOAS COM LESÃO NO SNC 104

P A R T E I I

INTRODUÇÃO 109

C A P Í T U L O 6

JOGOS PARA CRIANÇAS E JOVENS SURDOS 113

C A P Í T U L O 7

JOGOS PARA CRIANÇAS E JOVENS CEGOS OU COM BAIXA VISÃO 135

C A P Í T U L O 8

JOGOS PARA CRIANÇAS E JOVENS COM DEFICIÊNCIA MENTAL 157

C A P Í T U L O 9

JOGOS PARA CRIANÇAS E JOVENS COM DEFICIÊNCIA FÍSICA 181

REFERÊNCIAS 203

BIBLIOGRAFIA CONSULTADA 208

DICAS DE SITES 211

DICAS DE FILMES 212

LISTA DE SIGLAS

Acidente Vascular Cerebral
AVC
Altas Habilidades
AH
Alunos com Necessidades Educativas Especiais
ANEE
Associação Brasileira do Desporto para Amputados
ABDA
Associação Brasileira do Desporto em Cadeira de Rodas
ABRADECAR
Associação Brasileira do Desporto para Cegos
ABCD
Associação Brasileira do Desporto para Deficientes Mentais
ABDDM
Associação Nacional de Desporto para Excepcional
ANDE
Atividade Motora Adaptada
AMA
Centro de Estudos da Atividade Motora Adaptada
CEAMA
Classificação Internacional de Doenças
CID
Classificação Internacional de Funcionalidade
CIF
Confederação Brasileira de Desportos para Surdos
CBDS
Confederação Sul-Americana Desportiva de Surdos
CONSUDES
Conselho Nacional dos Direitos da Pessoa Portadora de Deficiência
CONADE

Coordenadoria Nacional para Integração da Pessoa com Deficiência
CORDE
Federação Nacional de Educação e Integração dos Deficientes Auditivos
FEINADA
Federação Nacional de Educação e Integração dos Surdos
FENEIS
Instituto Brasileiro de Geografia e Estatística
IBGE
Instituto Nacional de Educação de Surdos
INES
International Blind Sport Association
IBSA
International Committee of Sports for the Deaf
CISS
Língua Brasileira de Sinais
LIBRAS
Ministério de Educação e Cultura
MEC
Necessidades Educativas Especiais
NEE
Organização Mundial da Saúde
OMS
Paralisia Cerebral
PC
Pessoas Portadoras de Necessidades Especiais
PNE
Portadores de Deficiência
PD
Sistema Nervoso Central
SNC
Sociedade Brasileira de Atividade Motora Adaptada
SOBAMA

PARTE I

INTRODUÇÃO

"Acho que o mais importante é escutar as crianças.
Perguntar o que elas querem."[1]

Existem muitas discussões sobre os meios de levar mais informações acerca do valor da atividade física para a saúde e qualidade de vida da população em geral (Nahas, 2001). No Brasil, as tentativas de implantar espaços adequados para a prática da atividade motora adaptada para crianças e jovens com deficiência são recentes. Assim, a atividade física regular como meio de alcançar condições satisfatórias de aptidão física relacionadas à saúde, nessa população, é algo raro. Para que possamos chegar a essa situação, é necessário que haja espaços físicos sem barreiras arquitetônicas, conhecimento das técnicas de orientação e mobilidade do cego, da língua dos surdos e, principalmente, respeito à alteridade presente entre as pessoas.

Uma vida ativa voltada ao esporte, recreação e dança é resultante de uma extensa rede de atitudes nos âmbitos político, profissional, social e pessoal. A política da educação, desde 1996, é em prol da inclusão conforme as Leis de Diretrizes e Bases (LDB). Isso ocorre como resultado de um movimento iniciado em 1949, com a Declaração Universal dos Direitos do Homem. O processo segue por meio de várias discussões como o Estatuto da Pessoa com Deficiência, criado em 2007. Neste aspecto, a política vigente apóia a participação das pessoas cegas, surdas, com deficiência mental ou física em programas oferecidos à comunidade em geral. Esses programas devem atender a diversas pessoas, oferecendo espaço de integração social.

Porém, além de espaços para integração, devemos ser capazes de respeitar as necessidades específicas de cada aluno. Possibilitar, em primeiro lugar, o ensino/aprendizagem de recreação, esporte e dança, para que ele possa participar de qualquer outro espaço de lazer. O desenvolvimento das habilidades motoras proporcionará meios para aquisição da cultura de vida ativa, fatores essenciais para que se possa realizar atividades físicas em diferentes meios, não restringindo o indivíduo a grupos específicos.

Ainda encontramos profissionais que pensam na deficiência como "doença", para quem um atestado médico é suficiente para liberar o aluno com deficiência das aulas de Educação Física. Muitas escolas "inclusivas", talvez por resquícios de uma atuação fora do âmbito da AMA, ou por negligência, con-

[1] Depoimento de M.L.A., mãe de R.A., 22 anos, com Síndrome de Down, aluna do CEAMA.

tinuam não atendendo adequadamente crianças e jovens com deficiência na Educação Física. No entanto, encontramos muitas escolas especiais sem professores de Educação Física ou com profissionais pouco comprometidos em promover a cultura para uma vida ativa. Conseqüentemente, essas crianças e jovens não têm a chance de desenvolver essa cultura.

Será que essas crianças não merecem espaço para a atividade física? Se na escola o tempo de atividade é pouco ou inexistente, como irão essas crianças desenvolver a cultura da atividade física "suficiente" para a saúde e uma melhor qualidade de vida quando adultos?

Mesmo pessoas que, desde a infância, receberam estímulos para a realização de atividades físicas, jogando bola, andando de bicicleta, tendo aulas regulares de Educação Física e participando de grupos esportivos orientados ou não (praia, parques, piscina), com muita freqüência terminam por não priorizar, na vida adulta, a atividade física como fator essencial à saúde, tornando-se praticantes esporádicos de exercícios ou mesmo ociosos.

Imagine uma pessoa com deficiência física, ou cega, que desde o nascimento já é considerada pela família, muitas vezes, incapacitada. Esta a isola ou a cerca de cuidados extremos, não permitindo ou evitando sua participação em atividades que poderiam fazê-la desenvolver uma cultura de vida ativa. Muitas vezes, na própria escola essas pessoas tiveram negado o acesso às aulas de Educação Física. Além disso, nos momentos de lazer social, como, por exemplo, ao freqüentar locais para dançar, receberam pouco estímulo da família ou dos responsáveis pelos estabelecimentos de entretenimento.

A falta de acessibilidade aos locais públicos voltados à atividade física reflete o desinteresse em que pessoas com deficiência possam praticar atividades esportivas.

Diante desse panorama, em que a criança não é estimulada a brincar e o adolescente não tem oportunidades de interagir em diferentes ambientes, como esperar que se transformem em adultos com interesses voltados à atividade física? Que se tornem indivíduos com mais agilidade, mais flexibilidade, mais resistência, mais velocidade, fatores que lhes proporcionarão uma vida adulta e uma velhice saudáveis? Como essas pessoas irão escolher as atividades que mais combinam com seu estilo se não possuem opções para tal?

Talvez, apostando na formação profissional daqueles que irão fazer as leis do lazer, esporte e recreação, possamos ver, em menos de 20 anos, mudar este comportamento relativo à inatividade das pessoas com deficiência. São os profissionais de Educação Física e áreas afins que podem apoiar a cultura do lazer esportivo de pessoas com deficiência, em prol de um estilo de vida ativo. É dando suporte teórico e prático que podemos facilitar um maior conhecimento e propor alternativas que mudem a forma de ver e interagir com crianças e jovens com deficiência.

CAPÍTULO 1

DIFERENTES ABORDAGENS

"É muito importante a maneira como eles dão aula, porque eles exigem...Se ficar assim: 'coitadinho, quer fazer, faz'... eles já são vistos com aquele olhar de coitadinhos... Então, quando eles são exigidos pra alguma coisa, eles se acham.... Eu vejo pela G. Se acha superimportante. É fora de escola especial, de tudo... então, eles são gente aqui." ... "Mas isso aí que tu tá fazendo é a coisa mais importante que tem, porque, se a gente vai levar eles numa piscina normal, em que eles vão ter aula com outras pessoas normais, normalmente, o professor não dá atenção. Então, eles ficam lá naquele cantinho..."[2]

"Em pequenos detalhes a gente está notando a felicidade de virem para cá" [3]

"Agora, eles vão pegar uma criança e puxar a atividade dela quando for para exibir a escola numa olimpíada"[4]

"Então, elas são discriminadas ali dentro mesmo."[5]

A população que possui algum tipo de deficiência é "nominada" portadora de uma necessidade específica e recebe vários conceitos.

Muitas vezes essas "nomeações" são cheias de palavras requintadas, como afirma Silva (1997, p. 15): "[...] expressões rebuscadas que reproduzem, de forma inversa, a mesma atitude preconceituosa, desta vez em seu disfarce benevolente." Existem várias formas de definir essas comunidades, porém, o importante é a forma como se percebe a alteridade.

Diversos termos são empregados para definir a pessoa com deficiência. Esses termos estão impregnados de atitudes que a sociedade, política e epistemologicamente, tem perante estas pessoas. Em nome de uma atitude dita politicamente correta, alguns desses termos são execrados, na tentativa de demonstrar uma aceitação que, na verdade, não é outra

[2] Depoimento de N.P., mãe de G.P., 28 anos, com Síndrome de Down, sobre a participação da filha nas aulas de natação do CEAMA.
[3] Depoimento de M.L.A., mãe de R.A., 22 anos, com Síndrome de Down, sobre a participação da filha nas aulas de natação do CEAMA.
[4] Depoimento de M.L.A., mãe de R.A., 22 anos, com Síndrome de Down, aluna do CEAMA, sobre as escolas especiais.
[5] Depoimento de N.P., mãe de G.P., 28 anos, com Síndrome de Down, aluna do CEAMA, sobre as escolas especiais.

coisa senão a classificação do outro como diferente. Meu entendimento do tema vai na direção do pensamento de Skliar, quando afirma que:

> Eludir ou evitar palavras para utilizar outras mais corretas ou mais modernas ou mais aceitáveis para o mundo do normal – como, por exemplo, indivíduos portadores de necessidades educativas especiais – seria restituir uma vez mais a eficácia retórica do discurso da normalidade. (Skliar, 2003, p. 34)

A expressão "pessoas com deficiência", que escolhi para a presente obra, serve para situar o tema no âmbito da AMA. Com essa designação, pretendo ressaltar a necessidade, comum a esses grupos, de conquistar espaços para o lazer esportivo, desenvolvendo uma identidade cultural de vida ativa.

Entidades representativas da sociedade, como a Organização Mundial da Saúde (OMS) e o Ministério de Educação e Cultura (MEC), conceituam essas pessoas como Portadoras de Necessidades Especiais (PNE), Portadores de Deficiência (PD), Alunos com Necessidades Educativas Especiais (ANEE), Pessoas Especiais e Alunos Especiais, entre outras nomenclaturas.

A OMS, por muitos anos, definiu pessoas com deficiência segundo a Classificação Internacional de Doenças (CID), que leva em consideração as causas ou origens das deficiências. Atualmente, além da CID, a OMS utiliza a Classificação Internacional de Funcionalidade (CIF). A CID registra a patologia, e a CIF registra a incapacidade e a desvantagem, identificando o impacto desta pessoa no seu meio social.

Essa maneira de abordar o problema da deficiência possibilita que, além do conhecimento sobre a limitação do indivíduo, tenhamos também o conhecimento sobre os instrumentos necessários para que esses indivíduos tenham uma boa qualidade de vida.

Já o MEC se refere à classificação das pessoas com deficiência utilizando duas terminologias: Portadores de Deficiências (PD) e Alunos com Necessidades Educativas Especiais (ANEE). Portadores de deficiência são aqueles com comprometimento visual, auditivo, mental, físico e múltiplo que necessitam de metodologias de ensino específicas, com recursos e materiais adequados.

Alunos com necessidades educativas especiais caracterizam-se pela apresentação de maiores dificuldades no aprendizado, em relação aos demais alunos. Para superar essas dificuldades, é necessário desde remover barreiras arquitetônicas até alterar grades curriculares. Essas dificuldades podem ter origem no convívio sociofamiliar, em práticas metodológicas didáticas inadequadas, entre outras.

O MEC, além dos termos mencionados para falar sobre grupos específicos, utiliza outros que designam os alunos que apresentam um desvio da "normalidade". As pessoas que apresentam problemas de conduta, com atrasos no desenvolvimento ou no relacionamento social devido a síndromes, quer de origem psicológica ou neurológica, são denominadas portadoras de condutas típicas. Altas Habilidades (AH) é a classificação utilizada para definir os alunos com alto desempenho e acentuada potencialidade intelectual, psicomotora, artística ou em nível acadêmico.

Além de proporcionar o ingresso em órgãos de ensino, o movimento de acessibilidade desencadeado nos últimos anos tem como finalidade estender essa possibilidade à vida diária do cidadão com deficiência.

Pretende que barreiras arquitetônicas sejam derrubadas, permitindo que a pessoa com deficiência possa utilizar o transporte coletivo, locomoverse na rua, ter acesso aos locais onde são desenvolvidas atividades culturais e de lazer. Mais do que isso, pretende derrubar as barreiras invisíveis, pois os efeitos do comprometimento parecem ultrapassar os limites do corpo.

Em nossa cultura, a debilidade da saúde, da beleza e da autonomia, como sugere Albright (1997), é uma marca da deficiência. Dessa forma, reações diversas surgem quando uma pessoa se depara com um indivíduo com deficiência, como um cadeirante, por exemplo.

As diferenças físicas ou um desenvolvimento perceptivo diferente ocasionam, freqüentemente, a exclusão do belo, saudável e autônomo, ou seja, a diferença é caracterizada pelo fato de não pertencer aos parâmetros de normalidade constituídos pela sociedade. No entanto, a pessoa com deficiência é capaz de usufruir uma vida plena, desde que sejam feitas as adaptações necessárias.

CONTEXTO HISTÓRICO

"Não dá!"
"Eles não aceitam!"
"Não dá certo!"
"Eles são vistos com olhos diferentes. Eles são os coitadinhos."
"...não está havendo a inclusão, está havendo exclusão."
"Há lei. Mas para colocar no fundo da sala de aula e esquecer. Esta é a realidade."[6]

[6] Observações de mães dos alunos do CEAMA com deficiência mental, sobre o tema inclusão.

Existem poucos registros sobre pessoas com deficiência ao longo da história, e os existentes trazem dados esparsos. As poucas referências que encontramos são relativas ao contexto da época em que foram escritas, a quem escreveu e para quem foram direcionadas. Outras informações existentes dependem do perfil das culturas de origem.

Primitivamente, devido ao nomadismo das tribos, era comum o abandono dos doentes e das pessoas com deficiência, pois essas pessoas dificultavam as constantes mudanças e caminhadas características desses povos (Silva, 1987, apud Carmo, 1994).

O abandono e o extermínio foram atitudes praticadas em alguns períodos e regiões do mundo. Entre os esquimós, no atual Canadá, as pessoas com deficiência e os velhos eram abandonados nas trilhas do urso branco, animal considerado sagrado, para que fossem devorados (Silva, 1987, apud Carmo, 1994). Na Bolívia, o costume era enterrar, vivos, tanto as pessoas com deficiência como os velhos, acreditando que a terra protegeria as tribos. As pessoas com deficiência também eram exterminadas nas tribos existentes na região Amazônica.

Atitudes de tolerância também tiveram lugar na sociedade tribal. Era crença, em tribos do Quênia, que indivíduos com deficiência visual traziam sorte nas pescarias, por possuírem poderes sobrenaturais. Na Tanzânia, era vigente a lei de não prejudicar as pessoas com alguma deficiência, já que acreditava-se que o mal habitava o corpo dessas pessoas e ali deveria permanecer, permitindo que os demais membros da sociedade ficassem livres desse mal (Costa, s.d.).

Na Grécia Antiga, em Esparta e Atenas, os recém-nascidos com deficiência eram abandonados no *Apothétes*, caverna profunda. Outra forma de eliminação era abandoná-los à sorte, como forma de evitar máculas à sua raça.

> Em Esparta, o próprio Estado era encarregado de fazê-lo, embora por diferentes motivos: os recém-nascidos eram apresentados aos chefes das tribos, que os examinavam; os doentes e deficientes eram lançados no *Apothétes* ("Apotetes"), uma caverna profunda situada próxima ao Monte Taígueto, onde os espartanos também lançavam os condenados à morte (Plutarco, *Licurgo*, 16). Outra expressão de eugenia dos espartanos.
> Entretanto, o método mais difundido para se livrar de bebês indesejados era o de abandoná-los às intempéries (v. o caso de Édipo); o que, na maior parte dos casos, resultava-lhes em morte por inanição ou por falta de cuidados. De qualquer modo, isso era efetuado logo após o nascimento, antes do décimo dia, quando, em

> Atenas, a criança recebia um nome, pois somente a partir desse momento ela passava a existir sob o ponto de vista social. (Vrissimitzis, 2002, p. 69)

Os surdos receberam citações já na Babilônia. São também citados na Bíblia e nos Dez Mandamentos de Moisés. A maioria dessas citações diz respeito à heranças dos surdos, questão difícil para a nobreza, ou à utilização dos surdos-mudos para apregoar valores morais, atribuindo aos pais a surdez dos filhos por causa de alguma espécie de "pecado" por eles cometido (Wrigley, 1996).

Na Bíblia encontramos passagens sobre os cegos. Em uma delas, Jesus cura um cego de nascença com a sua saliva, e na outra Jesus dá a visão a dois cegos, denominados os cegos de Jericó. Em ambos os casos, eram mendicantes, o que nos faz deduzir que eram pessoas à margem da sociedade, vivendo em situação precária, dependendo da bondade alheia (Sociedade Bíblica do Brasil, 1999).

O início da Idade Média foi marcado pela crença na existência de espíritos malignos, bruxarias e feitiçarias. As pessoas que não seguiam as regras ditadas eram vistas como seres a serviço do mal, seus diferentes comportamentos encarados como sinal de poderes nefastos.

No decorrer da Idade Média, as pessoas com deficiência deixaram de ser exterminadas, mas passaram a ser excluídas do convívio social. Essa prática foi decorrente da ascensão do Cristianismo, que, ao pregar a existência da alma, determinou que a sociedade não poderia fazer tal mal.

Porém, a exclusão resultou no isolamento de crianças, jovens e adultos com deficiência em locais como: porões, ilhas, vales, asilos, entre outros espaços. Esse período foi marcado pela segregação.

Ao final da Idade Média, surge o predomínio da "razão". Vem com o Renascimento, o interesse pelo homem e pela natureza. É nesse período que encontramos os primeiros indícios de pesquisas sobre o tema deficiência (Silva, 1987, apud Carmo, 1994).

Historicamente, vamos encontrar registros dos discursos sobre pessoas com deficiência a partir do século XVIII (Davis, 1995, apud Silva, 1997). Nesse período, introduzido em um discurso liberal, tem início o processo de norma e normalidade. Com isso, surge o conceito de média e desvios, que descreve grupos de indivíduos com características similares.

A criação dos mecanismos de diferenciação resultou em processos segregacionistas, ocasionando a criação do "outro", mantendo ou acentuando os problemas sociais que, desde tempos remotos, acompanham o "ser diferente".

Embora existam poucos registros, sabe-se que houve diversas formas de tratar a deficiência, de acordo com os povos.

O século XVIII, prolífero em mudanças mundiais nos âmbitos social, político e educacional, traz as primeiras instituições destinadas a tratar as deficiências.

É desse século a primeira escola para cegos, o Instituto Real, fundada em Paris no ano de 1784 por Valentin Haüy, cujo pensamento, segundo Leite (2003, p. 7), era: "[...] na educação dos cegos, o problema essencial consiste em fazer que o visível se torne tangível." Anos mais tarde, em 1819, aos 10 anos de idade, chega a esta escola Louis Braille, cego desde os 3 anos, em conseqüência de um acidente. Em torno de 1825, Braille incrementa os estudos feitos por Charles Barbier de la Serre e cria o Sistema Braille, conhecido e utilizado por cegos no mundo inteiro nos dias de hoje.

O Sistema Braille foi introduzido no Brasil em 1850, por José Álvares de Azevedo, cego de nascença que, como afirma Lemos (2003), regressa ao Brasil após ter passado alguns anos estudando no Instituto Real de Jovens Cegos de Paris, no mesmo período em que eram feitos experimentos com o invento de Louis Braille. O Imperial Instituto dos Meninos Cegos, cuja concepção foi de José Álvares de Azevedo, foi inaugurado em 1854 e atualmente denomina-se Instituto Benjamin Constant.

Anterior aos estudos com cegos foi a criação da Língua de Sinais utilizada na comunicação dos surdos. Seu surgimento data do século XVII, e o Abade L´Epée foi um dos grandes responsáveis por sua disseminação. Ele criou a primeira escola para surdos em Paris, que alcançou grande sucesso e logo se propagou pela Europa e pelo mundo. No entanto, a medicina e a filosofia não acreditavam que a Língua de Sinais capacitasse os surdos para uma educação plena.

Em 1855, veio para o Brasil um francês chamado Huet, surdo desde os 12 anos de idade. Dois anos depois, apoiado por D.Pedro II, Huet fundou o Imperial Instituto de Surdos-Mudos, atualmente Instituto Nacional de Educação de Surdos (INES).

Em 1880, no Congresso de Milão, na Itália, uma Convenção Internacional de Educadores dos Surdos instituiu o oralismo, excluindo a Língua de Sinais da educação dos surdos. É importante ressaltar que nessa Convenção na qual se declarou a erradicação das linguagens de sinais, havia apenas um educador surdo presente.

Em 1911, o Brasil suspendeu a utilização da Língua de Sinais na educação dos surdos, em obediência ao Decreto de Milão.

No século XIX, Alexander Graham Bell foi um dos defensores da extinção da Língua de Sinais. Ele entendeu que, por meio da comunicação por sinais, as crianças adquiriam uma característica de comunidade que se estendia além dos anos escolares. Como ele acreditava que o crescimento pessoal só seria alcançado por meio da fala, propôs o isolamento das crianças surdas, que deveriam estudar em escolas que ensinassem exclusivamente a fala (Wrigley, 1996).

Apesar do boicote à Língua de Sinais pelo Congresso de Milão, os surdos continuaram na direção de união, visto que encontramos registros de prática desportiva na Alemanha, onde existia o Clube Desportivo para Surdos, em 1888.

De acordo com Jannuzzi (1985), as pessoas com deficiência mental no Brasil, até o final do Império, contavam com duas instituições: uma especializada, ligada ao Hospital Juliano Moreira, criada em 1874 em Salvador, Bahia, e a Escola México, criada em 1887, no Rio de Janeiro, escola de ensino regular que atendia também deficientes físicos e visuais. Segundo a autora, é possível que tais instituições fossem direcionadas ao atendimento de casos mais acentuados de deficiência mental, em que as diferenças existentes fossem muito visíveis.

Com a Proclamação da República, em 1822, o Federalismo proporcionou uma certa independência aos estados, permitindo que desenvolvessem planos educacionais. Surgem, na época, algumas manifestações sobre a deficiência mental nos estados de São Paulo, Rio de Janeiro e Rio Grande do Sul, com delineamento de planos educacionais para essa população. Por meio do envolvimento de médicos, pedagogos e psicólogos, o tema vai alcançando uma maior abrangência e, no final da década de 1920, o Brasil conta com sete instituições para deficientes mentais. Em 1905, é criado pelos médicos Juliano Moreira e Fernando Figueira o Pavilhão Bourneville, anexo ao Hospício da Praia Vermelha, no Rio de Janeiro. Essa atitude foi tomada em virtude das denúncias feitas pela comissão que investigava as condições dos internos no Hospício Nacional e na Colônia na Ilha do Governador, relatando a situação desumana em que viviam as crianças, misturadas aos adultos. Em 1917, é publicado o livro Higiene Escolar e Pedagogia, pelo médico-chefe do Serviço Médico-Escolar de São Paulo, o qual trazia as normas de funcionamento das escolas e sua fiscalização, além do processo seletivo dos "anormais".

De 1920 a 1935, a educação das pessoas com deficiência mental, de acordo com Januzzi (1985), seguiu nas mãos de médicos e professores, ambos com influência da psicologia. Em 1932, é fundada por Helena Antipoff a Sociedade Pestalozzi, cujos membros mais tarde vão prestar serviços no Instituto

Pestalozzi, fundado em 1935. Esse Instituto atendia alunos que apresentassem dificuldades no aprendizado, quer por origem orgânica ou comportamental.

Os estudos científicos proliferaram nos séculos XVIII e XIX, atingindo seu auge no século XX. Com o crescente interesse em "normalizar" as pessoas, surgem escolas e clínicas de reabilitação. Tem-se, então, no século XX, as teorias que tratam da reabilitação como forma de integração ao mundo tido como "normal", o mundo que vê, ouve, entende e se movimenta de uma forma padronizada. Não são consideradas as características inerentes a uma população que não se enquadra nas médias de normalidade. Contrapondo essas teorias, surgem outras tentando colocar alteridades como parte das relações, respeitando as diferentes identidades.

Alguns acontecimentos importantes marcaram a história das pessoas com deficiência no mundo. Tais fatos foram determinantes no resgate da memória das pessoas com deficiência e significativos na constante luta por um espaço de atuação.

Um desses fatos foi a criação, em 1975, da Associação Nacional de Desporto para Excepcional (ANDE), com o objetivo de agregar os desportos praticados por todos os grupos de deficientes. Com o crescimento do desporto adaptado, associações específicas para cada área da deficiência vão sendo criadas, e a ANDE passa a se chamar Associação Nacional de Desportos para Deficientes, voltada atualmente para os atletas com seqüelas de paralisia cerebral.

Em 1977 foi fundada a Federação Nacional de Educação e Integração dos Deficientes Auditivos (FENEIDA), como resultado da reunião de várias entidades que trabalhavam com surdos. Essa Federação era representada por ouvintes, o que ocasionou, em 1983, a criação da Comissão de Luta pelos Direitos dos Surdos. Com a repercussão favorável do trabalho realizado na luta pelos direitos da comunidade surda, a Comissão passou a presidir a FENEIDA. Em 1987, com a modificação em seus estatutos, passou a se chamar Federação Nacional de Educação e Integração dos Surdos (FENEIS).

Entre todos esses acontecimentos, o Ano Internacional da Pessoa Deficiente (*International Year for Disabled Person*), proclamado pela ONU em 1981, veio contribuir para algumas vitórias concretas, principalmente na legislação.

Com a finalidade de organizar o desporto adaptado, surgem, segundo Araújo (1998), as seguintes associações:

Associação Brasileira de Desportos em Cadeira de Rodas (ABRADECAR): criada em 1984, foi reconhecida como entidade nacional dirigente do desporto em 1987, após a criação de três associações regionais. Entre suas funções está a difusão do desporto em cadeira de rodas no Brasil e a promoção de competições e campeonatos nacionais.

Associação Brasileira de Desportos para Cegos (Abcd), cuja criação ocorreu em 1984, promove o desporto de cegos e organiza o calendário de competições regionais e nacionais. Também representa o Brasil nas competições internacionais, entre outras funções.

A Associação Brasileira de Desportos para Amputados (Abda) data de 1990, tendo sido reconhecida como associação dirigente do desporto em 1991. Seus objetivos são: dirigir o desporto para amputados no país, promover competições nacionais e representar o Brasil em competições internacionais (Araújo, 1998).

Associação Brasileira de Desportos para Deficientes Mentais (Abdem): criada em 1989, foi reconhecida em 1995, quando criou seu próprio estatuto desligando-se da Federação Nacional das Apaes, órgão ao qual era ligada. Sua finalidade é a promoção do desporto para pessoas com deficiência mental, realizar competições regionais e nacionais e participar de eventos internacionais (Araújo, 1998).

Em 1986, acontece o I Simpósio Paulista de Atividade Motora Adaptada, reunindo profissionais e estudantes da área. Em 1988, é criado o primeiro curso de especialização em atividade motora adaptada, em Uberlândia-MG.

Em 1989, é promulgada a lei que dispõe sobre a Coordenadoria Nacional para a Integração da Pessoa Portadora de Deficiência (corde), órgão responsável pela gestão de políticas voltadas para a integração da pessoa com deficiência.

A Sociedade Brasileira de Atividade Motora Adaptada (Sobama) foi criada em 1994, com o intuito de realizar estudos e promover congressos, cursos, simpósios sobre atividade motora adaptada, entre outras funções.

Fruto da preocupação de vários profissionais que, participando de eventos internacionais, trouxeram novas idéias e formaram a Sociedade, a sobama é um agrupamento de pesquisadores com o objetivo comum de discutir a temática do esporte como ator essencial à qualidade de vida e à reabilitação. Preocupa-se também como a acessibilidade universal do indivíduo com deficiência e seus direitos, mantendo envolvimento com a formação dos futuros profissionais de Educação Física.

De caráter científico, a sobama permite que haja o intercâmbio de conhecimentos por meio dos seus trabalhos, como o congresso realizado a cada dois anos, reunindo profissionais e pesquisadores da área. Também edita a *Revista da* Sobama, na qual divulga os trabalhos e pesquisas realizados na área.

A SOBAMA tem sede permanente na cidade de Campinas-SP e sede administrativa na cidade onde reside o presidente. A Diretoria Executiva, com mandato de 2 anos, compõe-se de Presidente, Vice-Presidente, Secretário Geral, 1º Secretário, Tesoureiro Geral e 1º Tesoureiro. O primeiro presidente foi Edson Duarte, em Campinas-SP; o segundo presidente foi Alberto Martins da Costa, em Uberlândia-MG, sucedido por Manoel da Cunha Costa, do Recife-PE; após, Ruth Eugênia Cidade, em Curitiba-PR; em seguida, Pedro Américo Souza Sobrinho, em Belo Horizonte-MG. Atualmente, a sede administrativa é em Rio Claro-SP, sob a direção de Eliane Mauerberg de Castro.

No ano seguinte à criação da SOBAMA é criado o Comitê Paraolímpico Brasileiro (CPB), formado pelas diversas associações ligadas às pessoas com deficiência. Trabalha com a fomentação do desporto paraolímpico e a organização de competições em nível nacional e internacional.

Algumas leis vieram reforçar as conquistas desses movimentos. Contudo, muitas vezes seu cumprimento não é observado. Abaixo, algumas leis no âmbito federal.

Lei n. 7.853, de 24 de outubro de 1989: com disposições referentes à integração social das pessoas portadoras de deficiência, dispõe sobre o CORDE, instituindo a tutela jurisdicional dos interesses coletivos ou difusos dessas pessoas. Esta lei, consolidada pelo decreto n. 3.298 de 20 de dezembro de 1999, remete aos órgãos e entidades do Poder Público o dever de assegurar às pessoas com deficiência o exercício de seus direitos básicos, como saúde, educação, trabalho, desporto, lazer entre outros.

Lei n. 8.160, de 8 de janeiro de 1991: dispõe sobre a caracterização de símbolo que permita a identificação de pessoas portadoras de deficiência auditiva.

Lei n. 8.686 (1993): dispõe sobre o reajustamento da pensão especial aos deficientes físicos portadores da Síndrome de Talidomida, instituída pela Lei n. 7.070, de 20 de dezembro de 1982.

Lei n. 8.899, de 29 de junho de 1994: dispõe sobre a concessão de passe livre no sistema de transporte coletivo interestadual aos portadores de deficiência.

O Conselho Nacional dos Direitos da Pessoa Portadora de Deficiência (CONADE) foi criado pela Medida Provisória n. 1.799-6, de 10 de julho de 1999, como órgão responsável pelo acompanhamento e avaliação da Política Nacional da Pessoa Portadora de Deficiência e das políticas setoriais de educação, saúde, trabalho, assistência social, transporte, cultura, turismo, desporto, lazer, política urbana, no que concerne à pessoa portadora de deficiência. Suas competências estão definidas no Decreto 3.298/99, de 20 de dezembro de 1999.

Lei n. 10.048, de 8 de novembro de 2000: prioriza o atendimento de portadores de deficiência em repartições públicas, reserva assentos no transporte público, dispõe sobre a construção de edifícios públicos que permitam o acesso.

A Lei n. 10.098, de 19 de dezembro de 2000: dispõe sobre a acessibilidade das pessoas com deficiência, estabelecendo normas e critérios para a promoção da acessibilidade, com suspensão de barreiras, nos espaços públicos.

As seguintes definições foram estabelecidas para fins dessa lei:

I - Acessibilidade: possibilidade e condição de alcance para utilização, com segurança e autonomia, dos espaços, mobiliários e equipamentos urbanos, das edificações, dos transportes e dos sistemas e meios de comunicação, por pessoa portadora de deficiência ou com mobilidade reduzida;

II - Barreira: qualquer entrave ou obstáculo que limite ou impeça o acesso, a liberdade de movimento e a circulação com segurança das pessoas.

A legalização da Língua Brasileira de Sinais – LIBRAS – ocorreu em 24 de abril de 2002, pela Lei n. 10.436, que a reconhece como meio de comunicação e expressão das comunidades surdas brasileiras. Isso significa que, além do reconhecimento, deverá ser assegurada a presença de intérpretes nos espaços formais e instituições. Também trata do ensino da LIBRAS na formação de docentes e intérpretes.

O parágrafo único do artigo 1º dessa lei traz a definição de LIBRAS como sendo a forma de comunicação e expressão em que o sistema lingüístico de natureza visual-motora, com estrutura gramatical própria, constitui um sistema lingüístico de transmissão de idéias e fatos, oriundo de comunidades de pessoas surdas no Brasil.

Também de 2002 é a lei que assegura aos portadores de deficiência visual o livre acesso a lugares públicos e privados acompanhados de cães-guias, observando algumas regras normativas com dados de identificação do cão.

Essas leis representam um grande avanço no que concerne aos direitos do cidadão com deficiência. Também sinalizam um novo olhar sobre as diferenças, uma nova maneira de ver ou a disposição de uma nova maneira de ver essa parcela da população, tão carente, ainda, de respeito e de espaços próprios.

POPULAÇÃO

Com aproximadamente 180 milhões de habitantes, área territorial de 8,5 milhões km^2, distribuídos em 27 estados, o Brasil é uma nação bastante heterogênea, que possui costumes e culturas diferenciadas, conforme suas regiões.

Mais de 14% dos brasileiros possuem algum tipo de deficiência. De acordo com o censo de 1990, 10% da população brasileira possuía algum tipo de deficiência, distribuídas conforme mostra o Quadro 1.

Quadro 1 – Tipo e quantidade de portadores de deficiência na população brasileira

Deficiência	Número de Pessoas
Visual	600 mil (0,5%)
Múltipla	1.300.000 (1%)
Auditiva	1.950.000 (1,5%)
Física	2.600.000 (2%)
Mental	6.500.000 (5%)

Fonte: IBGE, Censo Demográfico 1990.

No censo de 2000, a pesquisa adotou um novo parâmetro para definir o tema deficiência. Antes, deficiente era considerado aquele com comprometimento total, ou seja, o indivíduo cego e não aquele com baixa visão. Para o censo de 2000, o IBGE adotou critérios compatíveis com a Classificação Internacional de Funcionalidade, Incapacidade e Saúde, utilizada pela Organização Mundial da Saúde (OMS), abordando a limitação de atividades. A pesquisa objetivando identificar o grau de severidade da incapacidade utilizou um questionário com questões relativas à deficiência mental permanente limitadora das atividades rotineiras; questões avaliativas da capacidade de enxergar e de ouvir; a existência de alguma deficiência física como paralisia total ou parcial ou, ainda, falta de algum membro do corpo, além de questões sobre deficiência motora, caracterizada pela dificuldade de movimentos.

Representantes de comunidades de pessoas com deficiência e vários órgãos do governo, organizados pelo CORDE, participaram do processo que definiu as perguntas sobre o tema, pois, no censo de 1990, apenas uma questão sobre deficiência foi levantada no questionário da amostra, o que foi considerado insuficiente.

O censo de 2000 revela que o Brasil possui 24,6 milhões de pessoas com alguma deficiência, ou seja, 14,5 % da população brasileira, conforme o Quadro 2:

Quadro 2 – População que possui algum tipo de deficiência

Regiões	População por Grupos de Idade (%)			
	Total	0 a 14 anos	15 a 64 anos	65 anos ou mais
Brasil	14,5	4,3	15,6	54,0
Norte	14,7	4,6	18,1	63,2
Nordeste	16,8	5,2	18,7	62,3
Sudeste	13,1	3,7	13,5	48,0
Sul	14,3	3,7	15,1	56,2
Centro-Oste	13,9	4,4	14,5	56,2

Entre as 16,6 milhões de pessoas com deficiência visual, cerca de 160 mil são cegas; entre os 5,7 milhões com deficiência auditiva, aproximadamente 176 mil são surdas.

ATIVIDADE MOTORA ADAPTADA

> "Começou a falar com 4 anos e meio. Ela começou a desenvolver a fala com a natação. Foi um período bem marcante A C. não falava nada, só por gestos. Ela começou a nadar e, em seguida, 2 ou 3 meses depois, começou a soltar a fala e foi, foi, foi,..."[7]
>
> "É um grande passo, o esporte para as crianças especiais".[8]

A trajetória da AMA como manifestação de uma área de conhecimento é recente. Entretanto, temos registros esporádicos de grupos esportivos que se reuniam em épocas distantes. Os acontecimentos marcantes como registros históricos datam do século XX. Em 1924, eventos importantes acontecem para o esporte dos surdos; em 1960 para os deficientes físicos, e, em 1968, para pessoas com deficiência mental.

DESPORTO OLÍMPICO SURDO

Os encontros desportivos dos surdos tinham lugar no Clube Desportivo para Surdos, na Alemanha, em 1888. Esses encontros culminaram na reali-

[7] Depoimento de C.M.E., mãe de C.E., 21 anos, com paralisia cerebral, aluna do CEAMA, sobre a importância da atividade física para sua filha.

[8] Depoimento de M.A., mãe de R.A., 22 anos, com Síndrome de Down, aluna do CEAMA, sobre a importância da atividade física para sua filha.

zação de um evento internacional ocorrido em Paris, na França, no ano de 1924.

Nessa época, poucas federações participavam desses encontros. Eugéne Rubens-Lacais, cidadão francês, surdo, trabalhou muito no ensejo de encorajar que seis nações oficiais participassem do INTERNATIONAL SILENT GAMES, versão para surdos da olimpíada existente.

Esse evento reuniu atletas surdos da Bélgica, Tchecoslováquia, França, Grã-Bretanha, Holanda e Polônia. Também reuniu atletas de países onde não havia federações oficiais, como Hungria, Itália e Romênia.

Desde então, os jogos acontecem de 4 em 4 anos, salvo algumas exceções, em âmbito mundial. Abaixo, a relação dos anos e países-sede dos jogos, respectivamente:

1924 – Paris, França
1928 – Amsterdã, Holanda/Países Baixos
1931 – Nuremberg, Alemanha
1935 – Londres, Inglaterra
1939 – Estocolmo, Suécia
1949 – Copenhague, Dinamarca
1953 – Bruxelas, Bélgica
1957 – Milão, Itália
1961 – Helsinque, Finlândia
1965 – Washington DC, Estados Unidos
1969 – Belgrado, Iugoslávia
1973 – Malmo, Suécia
1977 – Bucareste, Romênia
1981 – Colônia, Alemanha
1985 – Los Angeles, Estados Unidos
1989 – Christchurch, Nova Zelândia
1993 – Sofia, Bulgária
1997 – Copenhague, Dinamarca
2001 – Roma, Itália
2005 – Melbourne, Austrália

No ano de 1957 acontece a I Olimpíada Nacional de Surdos-Mudos[9] no Brasil. O evento, que reuniu associações de surdos do Rio de Janeiro, São

[9] Nessa época era usada a expressão surdo-mudo para identificar o grupo de pessoas surdas.

Paulo e Minas Gerais, teve como modalidades desportivas o futebol, o atletismo, o voleibol e a ginástica rítmica. O Instituto Nacional de Educação de Surdos (INES) foi o responsável pela organização do evento, bem como por sua realização nos anos subseqüentes: 1958, 1959 e 1960.

A Confederação Brasileira de Desportos para Surdos (CBDS) foi criada em 1984 e é filiada à Confederação Sul-Americana Desportiva de Surdos (CONSUDES) e ao *International Committee of Sports for the Deaf* (CISS).

Com o intuito de retomar os jogos para surdos no Brasil, foi realizada em Passo Fundo – RS a Primeira Olimpíada de Surdos do Brasil, no ano de 2002, com a participação de cerca de 1,5 mil atletas surdos, provenientes de várias regiões do Brasil, concorrendo em 11 modalidades.

MOVIMENTO PARAOLÍMPICO

A existência de inúmeros mutilados, vítimas das Guerras Mundiais, gerou uma preocupação constante no sentido de reintegrá-los à sociedade, levando à formação de grupos de atividades físicas no intuito de reabilitá-los.

O desporto adaptado para pessoas com deficiência teve lugar na cidade de Aylesbury, na Inglaterra, na década de 1940, pela iniciativa do médico Ludwig Guttmann (Winnick, 2004; IPC, 2004; Alencar, 1997; Strohkendl, 1996). Esse neurologista alemão de origem judaica, fugindo da Alemanha nazista, foi convidado pelo governo inglês para dirigir o Hospital de Stoke Mandeville, destinado a tratar soldados do exército inglês, feridos na II Guerra Mundial. Lá foi criado um centro de tratamento para lesionados medulares.

O Dr. Guttman via no esporte uma maneira de integração destas pessoas à sociedade, por meio de sua reabilitação física e mental. Aproveitando a realização dos Jogos Olímpicos de Verão na Inglaterra, organiza jogos para paraplégicos em Stoke Mandeville. Esses jogos, que tiveram a participação de veteranos de guerra, coincidiram com a realização da XIV Olimpíada em Londres.

Na década de 1950, a competição se transformou nos Jogos Internacionais de Stoke Mandeville, realizados anualmente com a participação de veteranos de guerra de outros países.

Em 1960, por meio de esforços conjuntos do Dr. Ludwig Guttmann e outras pessoas interessadas na realização de olimpíadas para pessoas com deficiência, os Jogos Internacionais de Stoke Mandeville são realizados em Roma, com a denominação de Olimpíadas dos Portadores de

Deficiência. A competição ocorreu logo após a XVI Olimpíada, com a participação de 400 cadeirantes de 23 países. A partir daí, os jogos passam a ser realizados na mesma cidade e instalações das Olimpíadas, com raras exceções.

1960 – Roma, Itália
1964 – Tóquio, Japão
1968 – Tel Aviv, Israel
1972 – Heidelberg, Alemanha
1976 – Toronto, Canadá
1980 – Arnhem, Holanda
1984 – Stoke Mandeville, Inglaterra e Nova Iorque, Estados Unidos
1988 – Seul, Coréia do Sul
1992 – Barcelona, Espanha
1996 – Atlanta, Estados Unidos
2000 – Sidney, Austrália
2004 – Atenas, Grécia

A primeira representação brasileira nas Paraolimpíadas ocorreu em 1972, na Alemanha. Em nosso país, o esporte para pessoas com deficiência surgiu a partir da iniciativa do paraplégico Robson de Almeida Sampaio. Após ter passado um período nos Estados Unidos, participando de programas de reabilitação, Robson Sampaio fundou o Clube do Otimismo, em 1958, no Rio de Janeiro, destinado ao esporte para esse segmento da população (CPB, 2004; Araújo, 1998).

Simultaneamente, ocorre a criação do Clube dos Paraplégicos, em São Paulo. A história de seu mentor, o paraplégico Sergio Serafim Delgrande, é parecida com a do vizinho carioca. Sergio Delgrande trouxe dos Estados Unidos idéias e o modelo da cadeira americana utilizada no hospital onde se tratara. Por meio da negociação com um industrial paulista, ele adquire algumas cadeiras com as quais forma o primeiro time brasileiro de basquete em cadeira de rodas.

A primeira competição paradesportiva brasileira ocorreu em 1959, no ginásio do Maracanãzinho, com um jogo de basquete em cadeira de rodas entre o Clube do Otimismo (RJ) e o Clube dos Paraplégicos (SP). Segundo Araújo (1998), a primeira seleção brasileira de basquete em cadeira de rodas foi formada no ano de 1969, quando foi representar o Brasil nos II Jogos Pan-Americanos ocorridos em Buenos Aires.

Na 12ª Paraolímpiada, realizada em Atenas, Grécia, o Brasil demonstrou um excelente desempenho, tendo alcançado a 14ª posição no ranking mundial. Isso foi possível pelo fato de o Brasil ter conseguido levar sua maior delegação dos últimos tempos, com 98 atletas paraolímpicos, 50% maior que a delegação de Sidney, em 2000. Obteve 14 medalhas de ouro, 12 de prata e 7 de bronze, em um total de 33 medalhas, tendo competido em 13 modalidades das 19 disputadas nas Paraolímpiadas.[10]

De 4 em 4 anos ocorrem os Jogos Paraolímpicos de Inverno, nos quais o Brasil nunca participou. O primeiro destes jogos ocorreu na Suécia, em 1976. No ano de 2006, acontecerá o 9º Jogos Paraolímpicos de Inverno em Turim, na Itália.

OLIMPÍADA ESPECIAL

As pessoas com deficiência mental encontram opção de prática desportiva nas Olimpíadas Especiais, organização mundial sem fins lucrativos que visa melhorar a vida dessa população pela prática esportiva. Sua primeira manifestação ocorre na década de 1960, quando Eunice Kennedy Shriver, mãe de uma criança com deficiência mental, organiza um acampamento para agregar essa comunidade (Sode, 2004).

Em meados dos anos 1960, Eunice inicia uma campanha pelos direitos das pessoas com deficiência mental. No decorrer daquela década, ela continua sua luta pela criação de uma legislação específica para os indivíduos com deficiência mental, ao mesmo tempo que organiza jogos em sua casa.

A partir dessa experiência outras ocorreram. Com isso percebeu-se a capacidade dos indivíduos com deficiência mental para realizar atividades físicas e como melhoravam com a prática desportiva.

Essa caminhada culmina na realização do *Internacional Special Games*, em julho de 1968, em Soldiers Field, Chicago, nos EUA, dando início ao programa *Special Olympics*, reconhecido oficialmente pelo Comitê Olímpico no ano de 1988.

Atualmente, a *Special Olympics* é o maior programa mundial de treinamento e competições esportivas para crianças e adultos com deficiência mental. Com a participação de 160 países e presença de quase um milhão de atletas, conta com 500 mil voluntários. Seu objetivo não é simplesmente de-

[10] Atletismo, basquete em cadeira de rodas, bocha, ciclismo, esgrima em cadeira de rodas, futebol de 5, futebol de 7, goalball, halterofilismo, hipismo, judô, natação, rugby, tênis de mesa, tênis, tiro, tiro com arco, vela e voleibol sentado.

senvolver aptidões, e sim treinar para a vida, promovendo a integração de famílias, escola e comunidade.

As modalidades desportivas que fazem parte da competição, atualmente, são: aquáticas, atletismo, badminton, basquetebol, boxe, boliche, ciclismo, equitação, hóquei, futebol, golfe, ginástica olímpica, levantamento de peso, patinação, esporte a vela, softball, tênis de mesa, handebol, tênis e voleibol.

No Brasil, a Associação Olimpíadas Especiais, fundada em 1990, oferece treinamento esportivo e competições para as pessoas com deficiência mental, com o apoio de treinadores e voluntários. Presente em alguns estados, compete em 15 modalidades esportivas. Desde 1990, a Associação vem realizando Jogos Estaduais e Nacionais, participando a cada dois anos dos Jogos Mundiais, organizados pela *Special Olympics International.*

O lema da Olimpíada Especial é "Deixe-me vencer. Mas, se eu não puder vencer, deixe-me ser bravo".

Desde então, a partir da iniciativa desses pioneiros, várias modalidades esportivas foram adaptadas e, atualmente, existem atletas amadores e profissionais que disputam judô, voleibol, basquete, natação, atletismo e muitas outras.

FORMAÇÃO PROFISSIONAL

Esses esportes, que vieram em forma de programas e, atualmente, fazem parte dos currículos universitários, podem ser definidos como uma série de atividades nas quais se incluem o jogo, a dança e o esporte com a finalidade de atender, na área do lazer esportivo, a população com algum tipo de deficiência, seja ela de ordem mental, auditiva, visual ou física.

A AMA para pessoas com deficiência é uma das áreas mais recentes de profissionalização e talvez uma das aquisições mais significativas das universidades na área de Educação Física, como aponta Diehl (2003), tendo surgido no âmbito acadêmico mundial em torno dos anos 1970.

No Brasil, a discussão sobre esse tema teve início no meio universitário nas décadas de 1980 e 1990, nas universidades públicas e particulares. Como disciplina, foi reconhecida oficialmente pela Resolução n. 03/87 do Conselho Federal de Educação. No entanto, ainda hoje encontramos universidades sem uma disciplina que aborde adequadamente esporte, recreação e atividades corporais expressivas para a população com deficiência, não apenas como reabilitação, mas como forma de lazer, desempenho motor, saúde e rendimento.

No Rio Grande do Sul, foi na década de 1990 que maior número de universidades incluiu em seus currículos a disciplina de AMA, proporcionando aos acadêmicos do curso de Educação Física a capacitação "[...] para trabalhar junto à população que, de uma maneira ou de outra, necessita de adaptação ou elaboração de estratégias específicas para poder praticar esportes, realizar atividades recreativas e expressivas" (Diehl, 2003, p. 23).

Assim como a atividade física regular, a atividade motora adaptada também visa proporcionar, por meio de jogos, já existentes ou criados para pessoas com deficiência, maior bem-estar, qualidade de vida, maior auto-estima e o atendimento das necessidades motoras básicas. A atividade física adaptada assegura à pessoa com deficiência uma melhor qualidade de vida, pois a capacita a incrementar o seu desenvolvimento motor, perceptivo e socioafetivo. As relações sociais e afetivas levam a um autoconceito positivo e, com isso, proporcionam à pessoa com deficiência a possibilidade de interagir socialmente.

O esporte, a recreação e a dança são componentes fundamentais para a melhoria de algumas necessidades motoras básicas na vida de todos os seres humanos. Habilidades físicas/motoras tais como: equilíbrio, força, agilidade, resistência muscular localizada, resistência cardiorrespiratória e também as potencialidades que envolvem o movimento corporal, como a consciência corporal, o repertório de movimentos e a orientação espacial, são estimuladas por meio das atividades físicas e se tornam essenciais para uma vida prazerosa e saudável. Como argumenta Diehl (2002), espaços de lazer que possibilitam a prática de atividades físicas, como escolas, clubes, escolinhas, praças, parques e muitos outros, são lugares onde crianças e adultos se (re)descobrem.

As atividades corporais inerentes ao lazer esportivo são também formas de lazer social. As atividades esportivas, recreativas e expressivas proporcionam experiências corporais necessárias à saúde física e mental. Durante os momentos de lazer esportivo, criam-se situações nas quais o indivíduo deverá aprender como superar obstáculos, lidar com a competição, saber cooperar e outras situações que contribuirão para seu crescimento individual como cidadão. Nos jogos e brincadeiras, emergem sentimentos de curiosidade e coragem que levam a criança ou o adulto a se conhecer mais, ter mais maturidade e desenvolver o espírito de cooperação.

Diehl (1998) chama atenção para o fato de que, feitas as adaptações necessárias, a pessoa com deficiência tem capacidade de realizar atividades físicas e manipular objetos, conseguindo manter o equilíbrio corporal dentro de um padrão ou numa posição desejada.

A prática de atividade física adaptada é um meio de proporcionar ao aluno com deficiência condições de aumentar seu repertório de movimentos. Essa perspectiva de entendimento do tema converge para o pensamento de

Souza (1994), quando sugere que o desporto proporciona a esse indivíduo a percepção e o desenvolvimento de todo o seu potencial, assim como orienta seu comportamento diante da condição de deficiente.

Os fatores emocionais, sociais, cognitivos e perceptivos não estarão recebendo estímulos para um perfeito desenvolvimento se as pessoas forem excluídas de ambientes de prática de atividades esportivas ou de recreação. O ambiente é importante para ampliar o repertório de movimentos, como afirma Rose (1978).

A atividade física e o esporte beneficiam crianças e jovens com deficiência, possibilitando que percebam e mostrem aos outros que são como qualquer pessoa, possuindo capacidades e limitações. A atividade física e o esporte farão aumentar suas possibilidades de conquista de espaços como cidadãos que são, à parte sua deficiência.

Com a implantação da Atividade Motora Adaptada nas universidades, o acadêmico passou a receber capacitação para atuar com pessoas com deficiências. Com essa capacitação, ele torna-se responsável pela prática de atividades que melhorem o repertório corporal de movimentos desses indivíduos, bem como de atividades que favoreçam a inclusão, sem discriminação. Todos os indivíduos, com deficiência ou não, devem ter bons profissionais orientando suas atividades durante as aulas de Educação Física, ou no lazer esportivo, expressivo e recreativo.

Acesso ao lazer é um dos direitos básicos do ser humano. O acadêmico de Educação Física, futuro profissional, ao obter o conhecimento sobre a Atividade Motora Adaptada pode responder à demanda, suprindo as necessidades da população que ainda não recebe este tipo de atendimento.

Os profissionais de Educação Física estão conquistando maior respaldo científico nos trabalhos voltados à população com deficiências. Devemos viabilizar espaços de discussão da AMA para que um maior número de profissionais possa se engajar e aprofundar cada vez mais os trabalhos nessa área.

São necessários alguns cuidados na elaboração de um bom trabalho, independente de raça, sexo, idade e estereótipos. Em primeiro lugar, é necessário planejar as atividades com um objetivo a cumprir. Assim como o médico deve curar a doença de seu paciente, temos de criar estratégias para alcançar nosso objetivo do ano, seguindo dia a dia, degrau por degrau, bimestre por bimestre (Diehl, 2002).

Acredito ser função do profissional de Educação Física a promoção da saúde por meio da atividade física. Conseqüentemente, proporcionar às crianças, aos jovens e aos adultos, por meio do esporte, da recreação e da dança, os instrumentos para que desenvolvam suas habilidades básicas voltadas à saúde e performance.

Em 6 de março de 1997, o Conselho Nacional de Saúde reconheceu os Profissionais de Educação Física como Profissionais de Saúde e determinou sua competência.[11]

Desta forma, o profissional também deverá desempenhar para a comunidade com deficiência, no ambiente escolar ou nas horas de lazer, todas as atribuições que lhe competem como profissional da Educação Física.

[11] I - Reconhecer como profissionais de saúde de nível superior as seguintes categorias: 1. Assistentes Sociais; 2. Biólogos; 3. Profissionais de Educação Física; 4. Enfermeiros; 5. Farmacêuticos; 6. Fisioterapeutas; 7. Fonoaudiólogos; 8. Médicos; 9. Médicos Veterinários; 10. Nutricionistas; 11. Odontólogos; 12. Psicólogos; e 13. Terapeutas Ocupacionais (Conselho Federal de Educação Física, 2004). Compete ao Profissional de Educação Física coordenar, planejar, programar, supervisionar, dinamizar, dirigir, organizar, orientar, ensinar, conduzir, treinar, administrar, implantar, implementar, ministrar, analisar, avaliar e executar trabalhos, programas, planos e projetos, bem como prestar serviços de auditoria, consultoria e assessoria, realizar treinamentos especializados, participar de equipes multidisciplinares e interdisciplinares e elaborar informes técnicos, científicos e pedagógicos, todos nas áreas de atividades físicas e do desporto. O Profissional de Educação Física intervém, segundo propósitos educacionais, de saúde e de lazer das pessoas com ou sem deficiência (Conselho Federal de Educação Física, 2004).

C A P Í T U L O 2

MUNDO VISUAL: CONTEXTO SURDO

Vivemos em um mundo de imagens e sons. Pessoas desprovidas de uma dessas percepções são remetidas, freqüentemente, à situação de incapacitadas ou deficientes. Ao fazer referência a pessoas que estão impossibilitadas, de modo permanente, de ver ou ouvir, diz-se, muitas vezes, que possuem deficiência visual ou auditiva, respectivamente. Ou seja, possuem uma deficiência sensorial.

Muitos são os nomes utilizados ao se referir àqueles que têm o sentido da audição comprometido ou inexistente, tais como "mudos", "surdos-mudos" e deficientes auditivos (Wrigley, 1996), e mais uma gama de expressões tidas como politicamente corretas.

Neste texto, ao tratar de pessoas com déficit auditivo, será usado o termo surdo, por ser esta a expressão adotada pela comunidade surda. Essa comunidade possui uma identidade própria, caracterizada, principalmente, pela existência de uma forma específica de comunicação.

> A comunidade surda se origina em uma atitude diferente frente ao déficit, já que não leva em consideração o grau de perda auditiva de seus membros. A participação na comunidade surda se define pelo uso comum da língua de sinais, pelos sentimentos de identidade grupal, o auto-reconhecimento e identificação como surdo, o reconhecer-se como diferentes [...]. (Skliar, 1999, p. 141)

Nessa perspectiva, reconhecemos o termo surdo não apenas como uma definição conceitual, mas uma forma do "Ser Surdo", embora encontremos diferentes abordagens para o tema da surdez. A seguir, são apresentadas algumas das definições mais utilizadas em artigos, livros e textos. Elas podem variar conforme a formação do profissional, mas principalmente demonstram como o indivíduo classifica esse "Ser Surdo" dentro de um quadro social.

A PERDA AUDITIVA

Existem diversas maneiras de definir a surdez, que dependem do enfoque dado ao estudo realizado.

A seguir estão relacionadas as classificações mais utilizadas, que vão desde a localização da lesão causadora da surdez e do grau da perda auditiva, definido por testes audiométricos, até a classificação que leva em consideração o comportamento do indivíduo conforme seu contexto cultural.

LOCALIZAÇÃO DA LESÃO

> "... encontrar na associação dos surdos, ir ao restaurante, jogar boliche, ir ao shopping, visitar os amigos, passear na praça, viajar juntos nas férias, ir ao congresso de surdos, ver filmes ou cinemas com legendas, conversar pelas msgs do celular, mandar e-mails etc."[1]

A deficiência auditiva caracteriza-se pela perda total ou parcial na condução ou percepção de sinais sonoros (Ferreira, 1994; Adams, 1985). Pode ser condutiva, quando a lesão localiza-se no ouvido externo ou médio, acarretando a diminuição da audição na intensidade sonora. Ou seja, caracteriza-se pela perda ou diminuição na capacidade de condução do som até o ouvido interno, onde chega de forma mais fraca. É, basicamente, uma alteração quantitativa. Outra manifestação da surdez é por meio de uma lesão no ouvido interno, caracterizada como surdez neurosensorial, que é a diminuição ou perda da audição na intensidade sonora, na percepção do som. Provoca dificuldades na discriminação auditiva, distorção na sensação sonora e no recrutamento, ou seja, além de uma alteração quantitativa, apresenta também uma alteração qualitativa.

Na surdez central, a lesão pode se localizar a partir do tronco cerebral até regiões subcorticais e córtex, sendo uma alteração qualitativa e quantitativa quanto ao processo auditivo.

Audiometria

A audiometria analisa a freqüência do som, que é medido em decibéis (dB), variando de 0 dB a 140 dB. Quanto à intensidade, o som é forte ou fraco; em relação à freqüência, alto (agudo) ou baixo (grave).

Por meio de testes audiométricos, é possível medir e identificar o grau de audição de uma pessoa. A resposta é ilustrada em um gráfico da freqüência

[1] Universitária surda falando sobre o lazer.

e intensidade do som. O ser humano pode escutar a partir de um decibel, embora existam casos de hiper sensibilidade ao som; dessa forma, há pessoas que podem escutar a uma distância maior.

Nesta classificação, uma pessoa será considerada com deficiência auditiva se possuir perda de audição acima de 25 dB, ou seja, consegue ouvir apenas sons acima de 25 dB, em ambos os ouvidos, uma vez que o grau de perda é sempre analisado conforme o melhor resultado do teste audiométrico do melhor ouvido. Existem posicionamentos diferenciados em relação à perda auditiva que define a deficiência auditiva, variando de 18 a 25 dB. O indivíduo pode ter perda auditiva acima de 55 dB em um ouvido, mas, não apresentando perda auditiva no outro, não será considerado surdo, sem necessidade do uso da língua de sinais.

Abaixo, o Quadro 3 com os níveis de limiares auditivos e alguns exemplos de sons com suas respectivas unidades de decibéis.

Quadro 3 – Níveis de limiares auditivas

Deficiência Auditiva	**Limiar Auditivo**	**Exemplos Aproximados**
Leve	25 a 40 dB	Sussurro/cochicho
Moderada	41 a 55 dB	Voz fraca
Acentuada	56 a 70 dB	Voz normal
Severa	71 a 85 dB	Tráfego, furadeira, voz forte
Grave	86 a 90 dB	Liqüidificador, voz muito forte
Profunda	Superior a 91 dB	Trem, britadeira, buzina de automóvel, turbina de avião, sons que causam dor

Pessoas com perda auditiva em ambos os ouvidos, escutando entre 25 a 40 dB, são consideradas com deficiência auditiva leve. Esses indivíduos conseguem ouvir o som de uma conversa em sussurros, mas não o farfalhar das folhas.

Aqueles que possuem deficiência auditiva moderada não escutam sussurros, embora consigam escutar as vozes de uma conversação normal. A partir desse nível, poderão ter a necessidade de usar a língua de sinais, pois estarão transitando entre o entendimento de falas e a falta de sensibilidade para alguns sons.

Na deficiência auditiva acentuada, o indivíduo não consegue distinguir os sons de uma conversação normal. Os indivíduos que escutam a partir de 71 até 85 dB são enquadrados na deficiência auditiva severa. Nesse caso, a aprendizagem da LIBRAS é importante.

Na perda auditiva acima de 90 dB, o ser humano é considerado surdo profundo, com perda total da nitidez de sons. Pode "ouvir" alguns sons, porém de forma distorcida.

Algumas origens da deficiência auditiva são difíceis de detectar e outras podem ser prevenidas. Uma das prevenções é a não exposição a sons acima de 70 dB por tempo prolongado. Existem profissionais que, por ficarem expostos a determinados sons, necessitam, no exercício de sua função, usar os protetores auriculares. Esse artefato abafa o som, protegendo o ouvido de barulhos ensurdecedores a que estão sujeitos, por exemplo, garçons que passam a noite trabalhando em uma pista de dança ou operários de fábrica, bem como professores de ginástica que utilizam sons fortes durantes as aulas.

Algumas formas de identificar a surdez levam em consideração a origem da deficiência auditiva. Adiante estão algumas da causas da surdez, apenas para exemplificar.

CAUSAS DA SURDEZ

A surdez pode ser congênita, nas fases pré-natal e perinatal (durante a gestação ou no parto). Também pode ser adquirida ao longo da vida, ou seja, na fase pós-natal.

As causas perinatais são aquelas que surgem durante a gestação, na forma de doenças hereditárias, do meio ou má-formação do bebê. Na fase perinatal, os problemas surgem em decorrência de dificuldades no momento do parto. Doenças ou traumatismos ocorridos durante as diversas fases de desenvolvimento do indivíduo que o levam a adquirir deficiência auditiva são as causas pós-natais.

As causas mais comuns (Ferreira, 1994; Oliveira, 1994; Adams, 1985) são:

Pré-natais: componentes hereditários, rubéola materna, toxoplasmose, herpes zoster, incompatibilidade Rh, sífilis, ingestão de determinados medicamentos (durante a gestação);

Perinatais: anóxia, hipóxia, prematuridade, traumatismos obstétricos, icterícia neonatal (no parto);

Pós-natais: meningite, sarampo, traumatismo craniano, encefalite.

Os exames pré-natais são importantes para a prevenção e/ou o aprendizado das formas de tratar e atender o bebê. Os exames poderão ser feitos a partir do quinto mês de vida intra-uterina.

Crianças que apresentam comprometimento auditivo podem, muitas vezes, necessitar da comunicação visual por meio da língua de sinais, cuja denominação no Brasil, conforme já mencionado, é LIBRAS (Língua Brasileira de Sinais).

LÍNGUA DE SINAIS

A língua de sinais é o meio de comunicação dos indivíduos surdos. Ela é uma forma de comunicação estritamente visual, comunicada por meio de gestos codificados, tais como expressões faciais e pequenos movimentos do corpo. A forma expressa revela a intensidade do que se conversa. Cada país possui sua língua de sinais, recebendo influências da cultura do seu povo.

No Brasil, a língua de sinais é chamada LIBRAS e foi oficializada em 2002. A língua de sinais também possui regionalismos, o que a caracteriza ainda mais como língua. Perlin (1999) afirma que "cada sinal tem uma representação mental que o surdo tem condições de conferir, entender e dar significado."

> Os sinais próprios das línguas de sinais geralmente são constituídos de configuração e orientação da mão, movimento, ponto de articulação, expressão facial e expressão corporal. Esses últimos são sinais mais claros, criados e utilizados pela comunidade surda. (Perlin, 1999)

Pesquisas feitas com surdos apontam que a língua de sinais é organizada no cérebro da mesma forma que as línguas orais. Apenas a forma como a informação é captada e transmitida difere de uma para outra: uma utiliza-se da fala e da audição e a outra faz uso da visão e do gesto.

> A LIBRAS, como toda língua de sinais, é uma língua de modalidade gestual-visual porque utiliza, como canal ou meio de comunicação, movimentos gestuais e expressões faciais que são percebidos pela visão; portanto, diferencia-se da língua portuguesa, que é uma língua de modalidade oral-auditiva por utilizar, como canal ou meio de comunicação, sons articulados que são percebidos pelos ouvidos. Mas, as diferenças não estão somente na utilização de canais diferentes, estão também nas estruturas gramaticais de cada língua. (Feneis, n. 2, p. 16)

Os sinais expressos pelas comunidades surdas estabelecem a língua-mãe desses sujeitos. Pessoas sem comunicação, sem uma língua própria não desenvolvem sua identidade cultural, seja surda ou ouvinte.

> O sujeito surdo tem necessidade do impulso cultural, de uma atmosfera no interior da qual os membros de uma sociedade podem respirar, produzir e sobreviver. Não importa quantos sejam em termos de classe, gênero ou raça. A cultura surda se presta para unificar os surdos em uma identidade cultural. (Perlin, 1999)

A língua de sinais utiliza-se de sinais com um significado, porém existem palavras que ainda não possuem um sinal. Neste caso, utiliza-se o alfabeto datilológico (manual) como auxiliar da comunicação. Recorre-se a ele também para soletrar nomes específicos, como de pessoas, ruas, animais etc. É importante ressaltar que a soletração não dá o significado real para abstração de significados para indivíduos surdos, servindo apenas como auxiliar na comunicação da comunidade surda.

Na língua de sinais, o nome de cada pessoa é substituído por um sinal que a identificará. Dessa forma, durante a comunicação na língua de sinais não serão utilizados os nomes próprios, e sim os sinais escolhidos para a identificação pessoal.

Seguem alguns sinais importantes para o dia-a-dia:

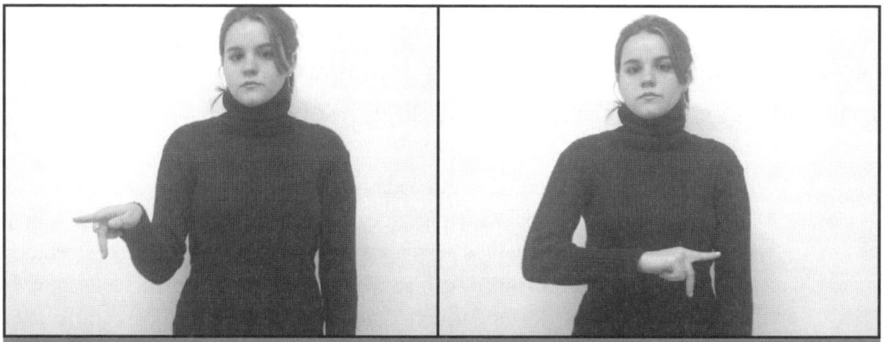

Professor

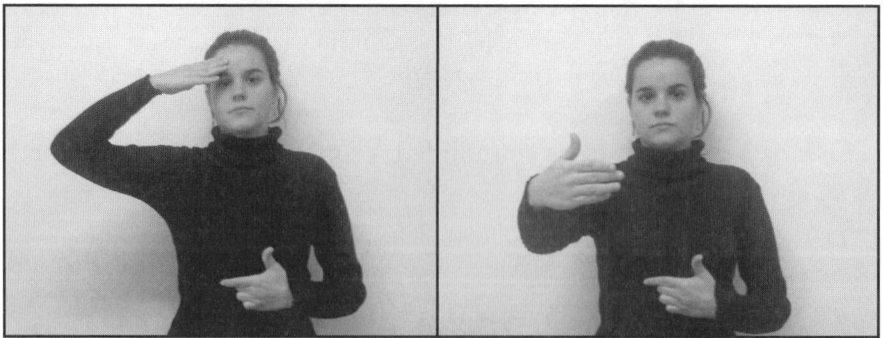

Agradecer

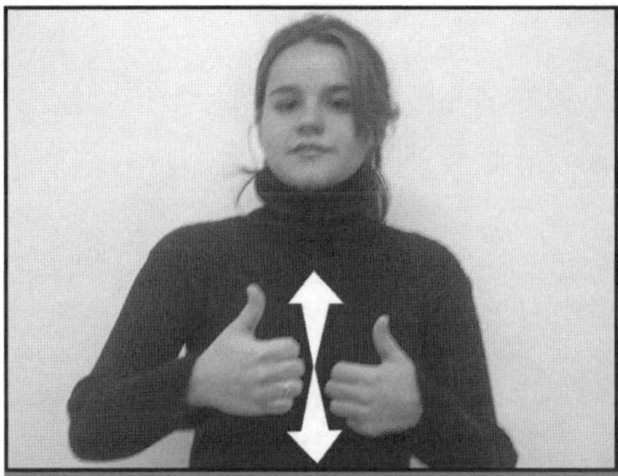
Futebol

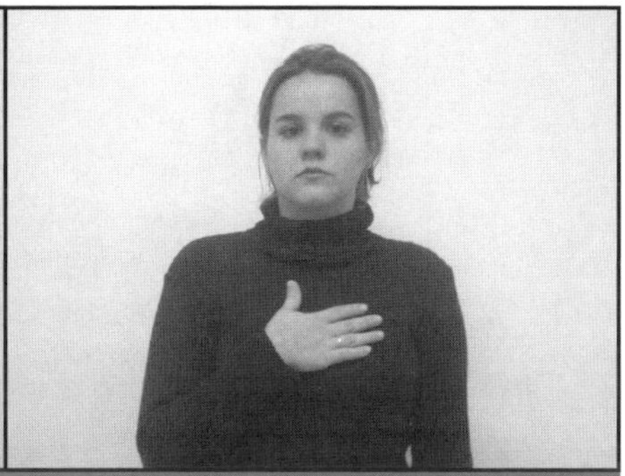
Meu

Natação

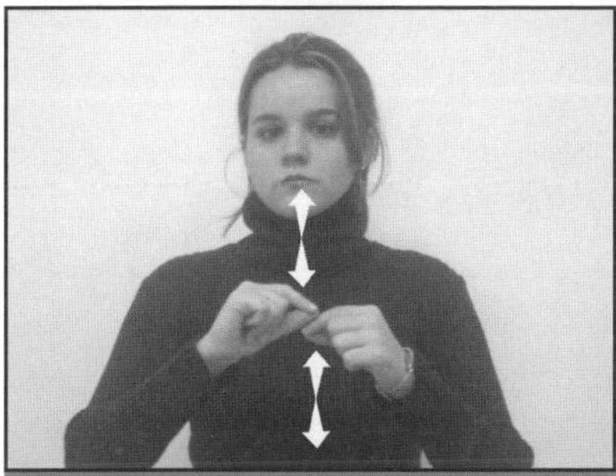
Fazer

Eu te amo

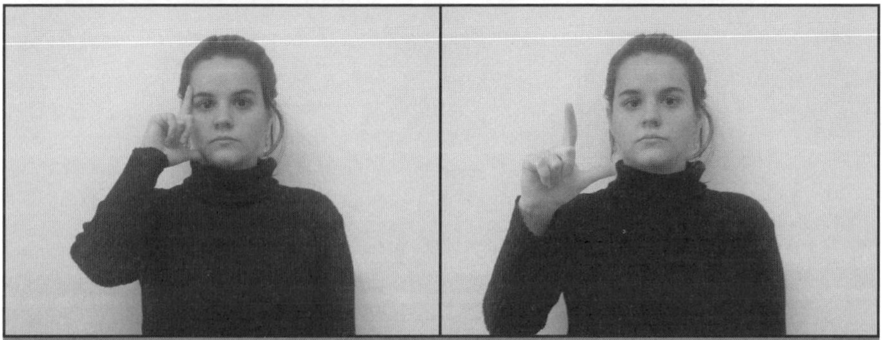
Vencer

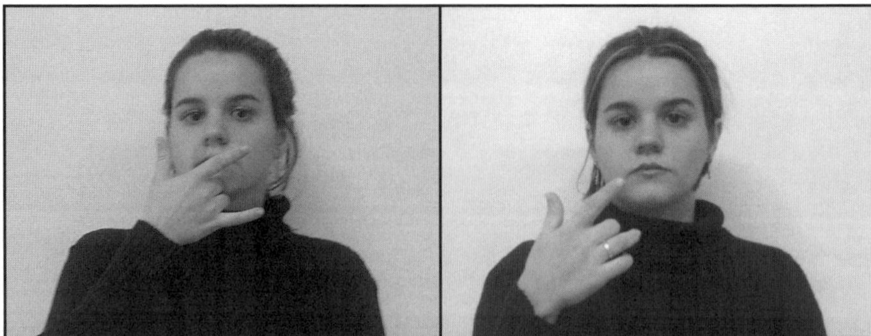

Fácil

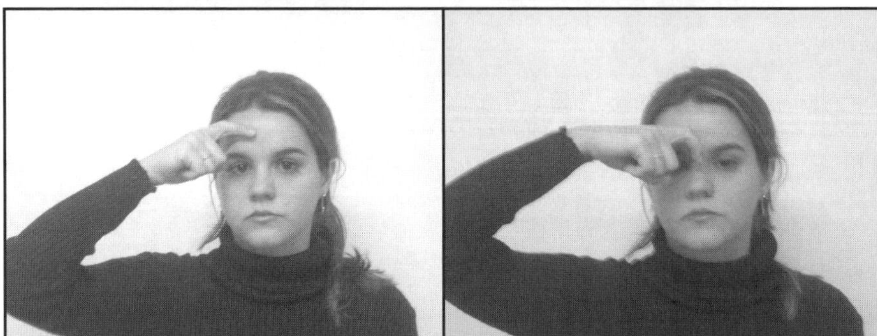

Difícil

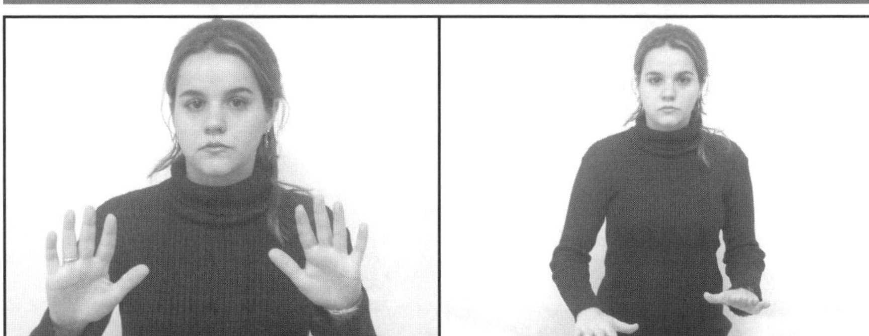

Devagar

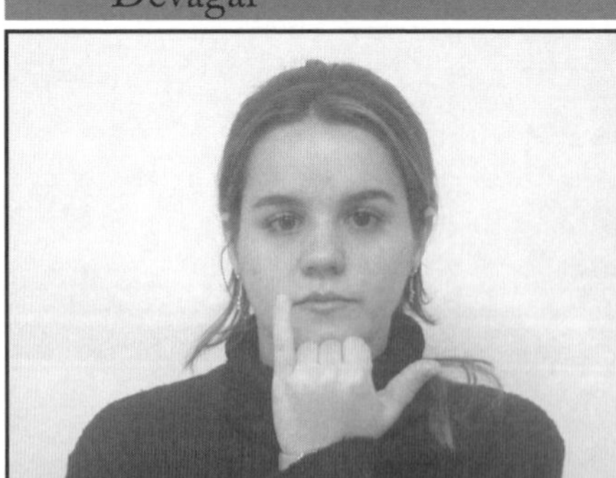

Desculpa

Esporte

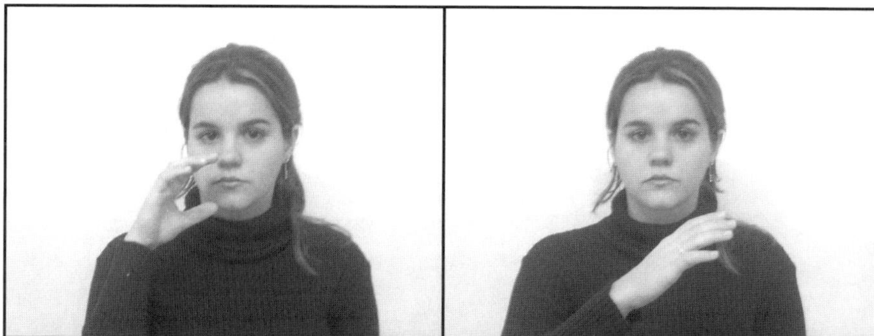

Rápido

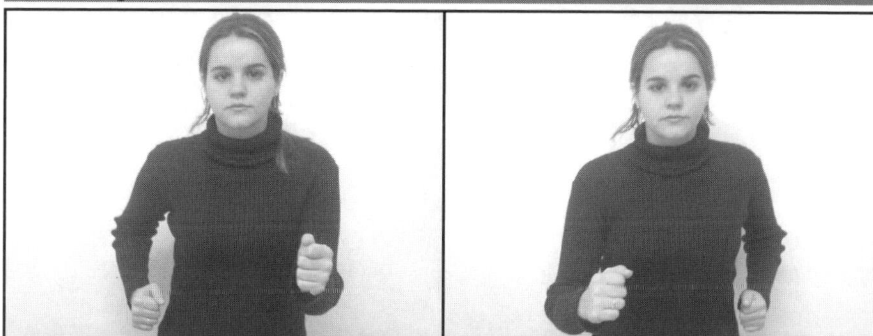

Correr

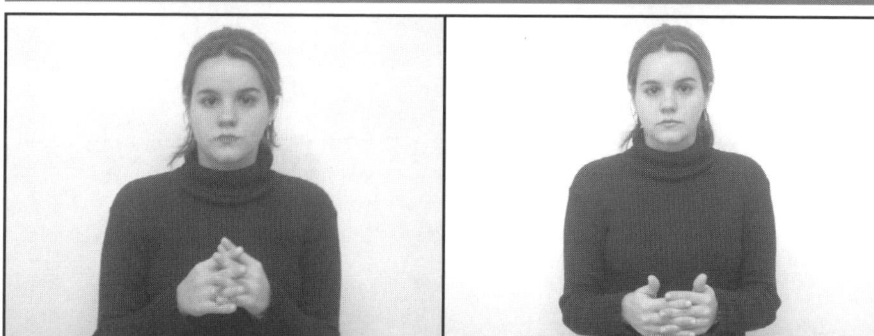

Confusão

Educação Física

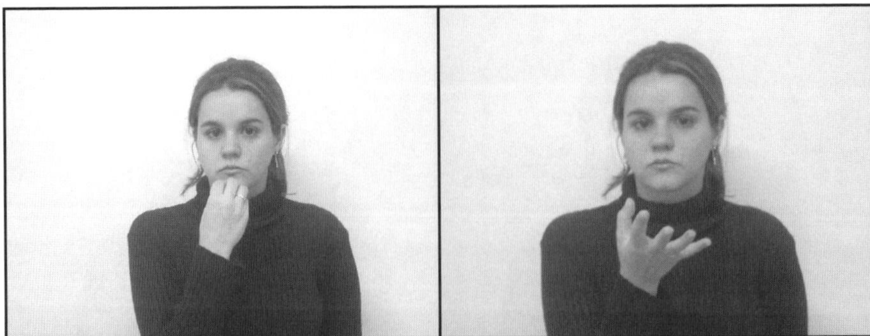

Bom

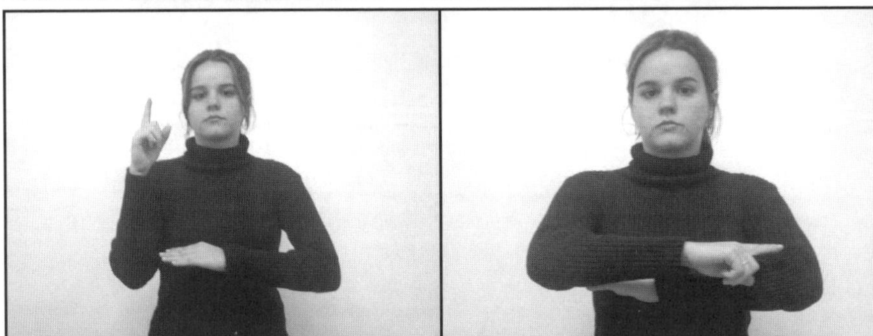

Dia

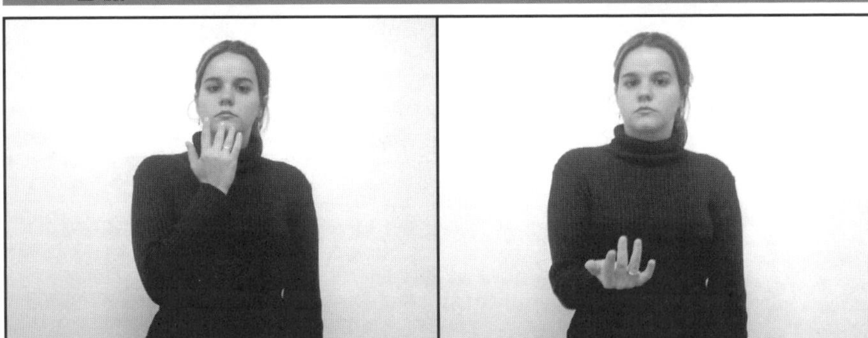

Tarde

Noite

Brincar

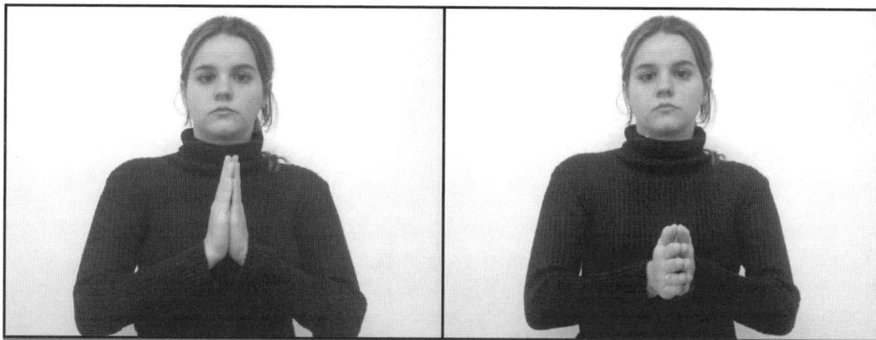

Por favor

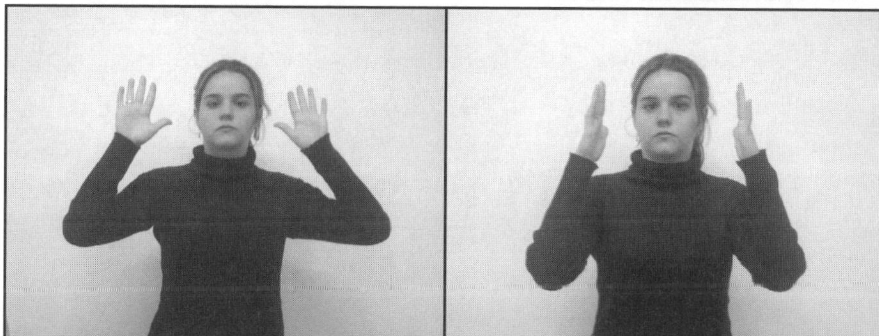

Aplaudir

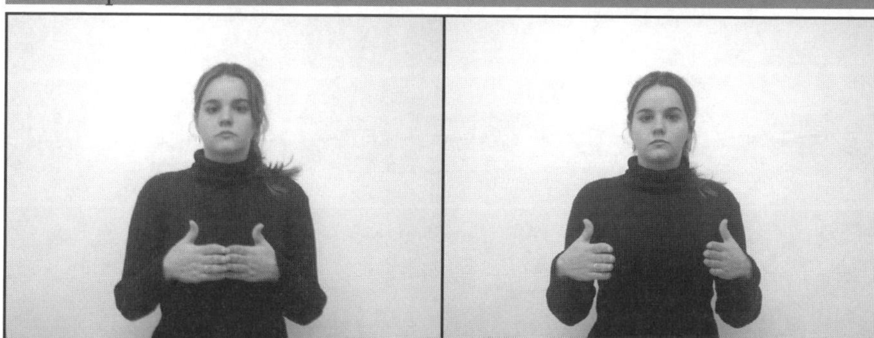

Com licença

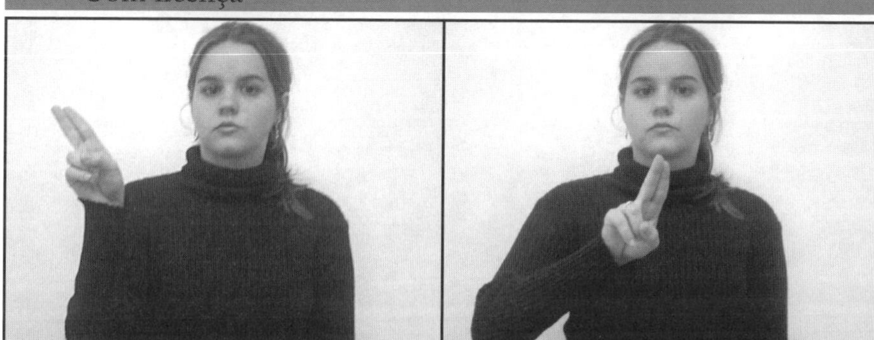

Nome

Dançar

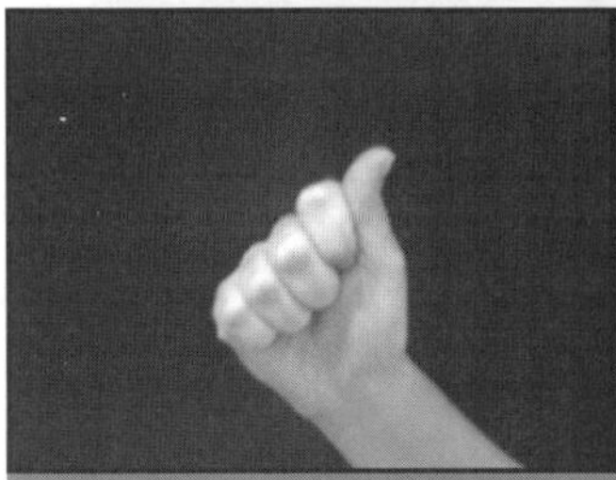

A

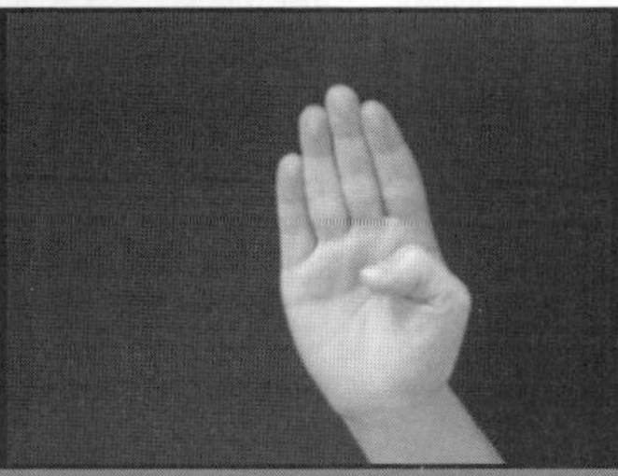

B

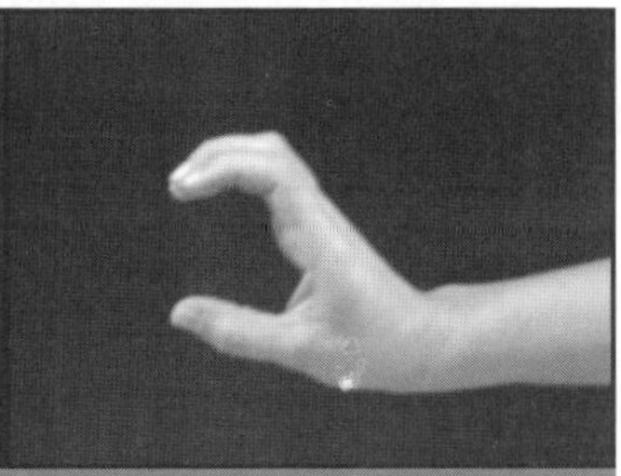

C

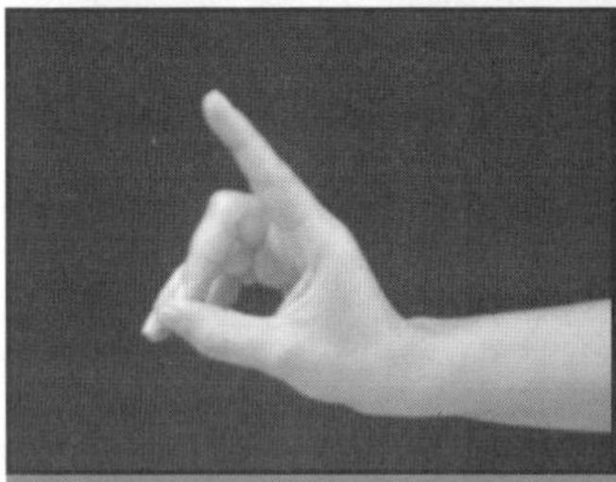

D

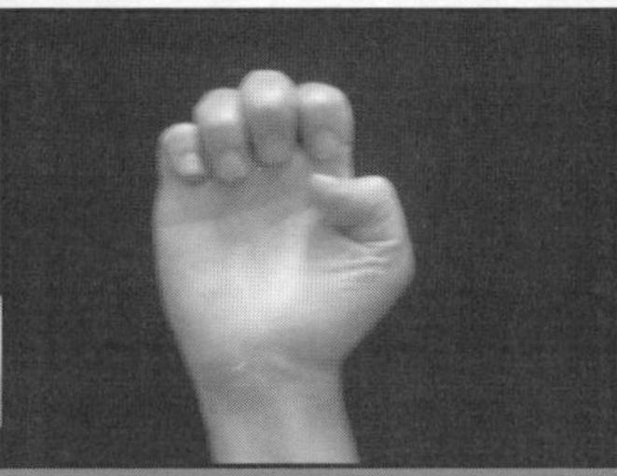

E

F

G

H

I

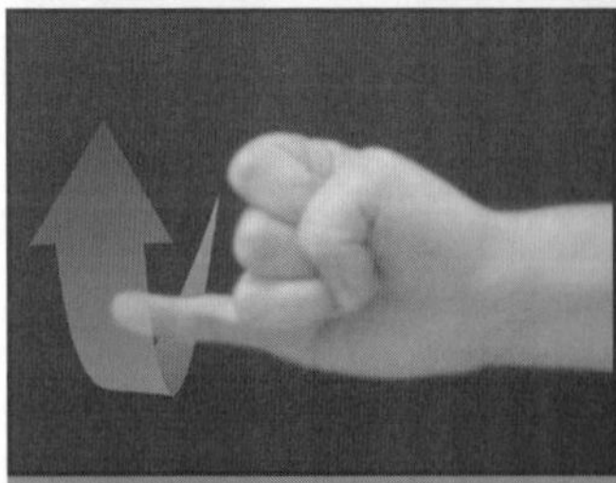

J

K

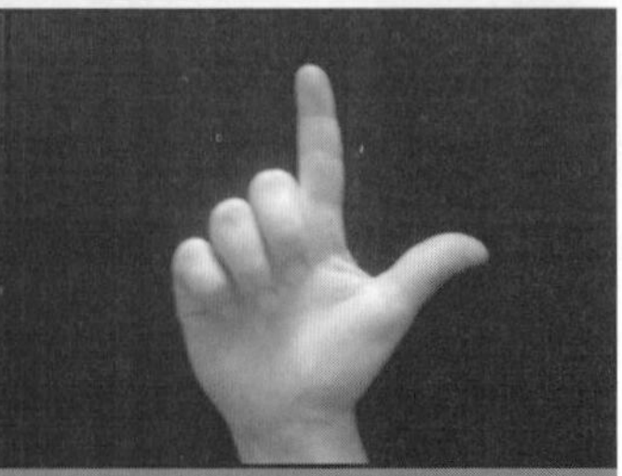

L

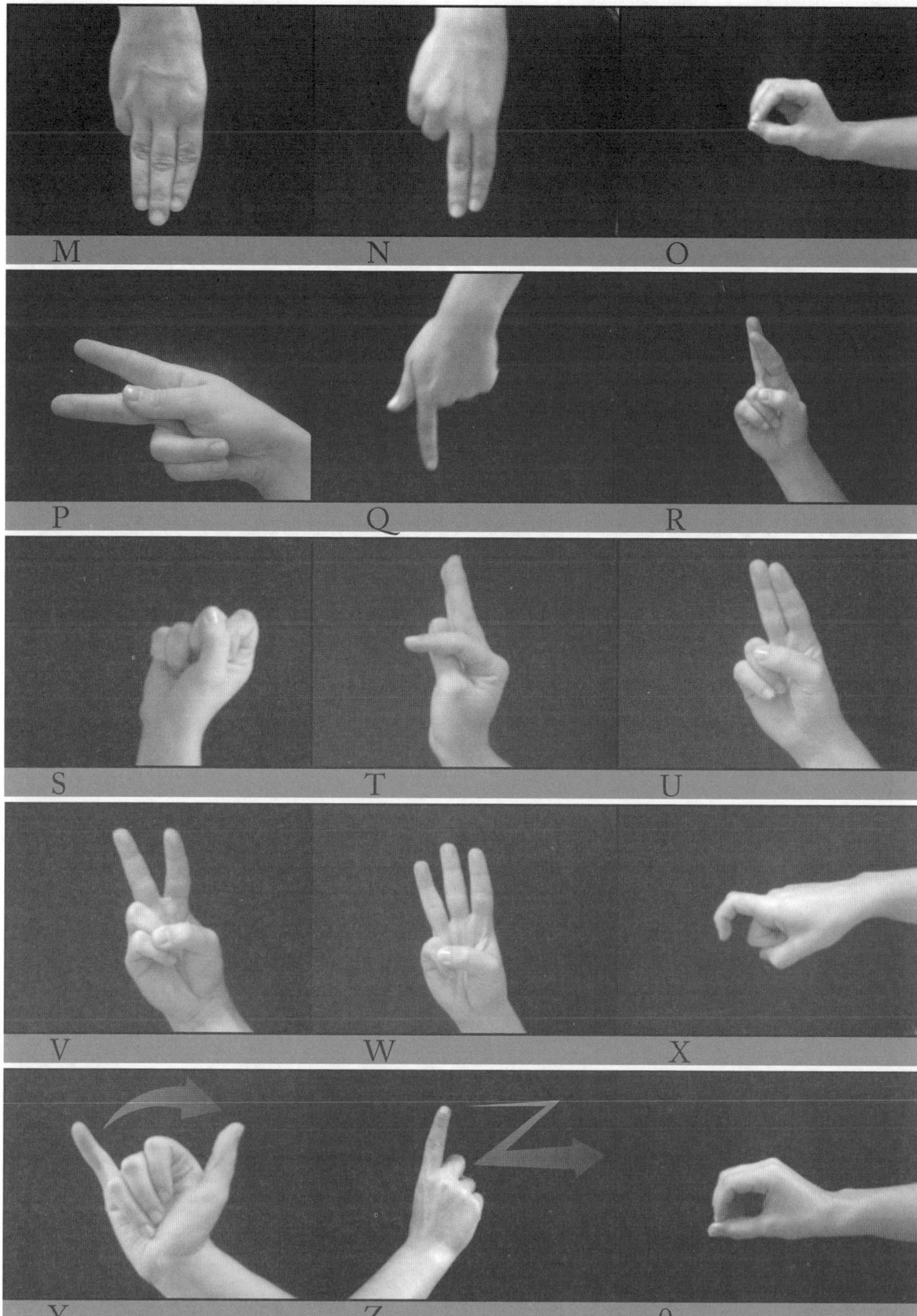
M
N
O
P
Q
R
S
T
U
V
W
X
Y
Z
0

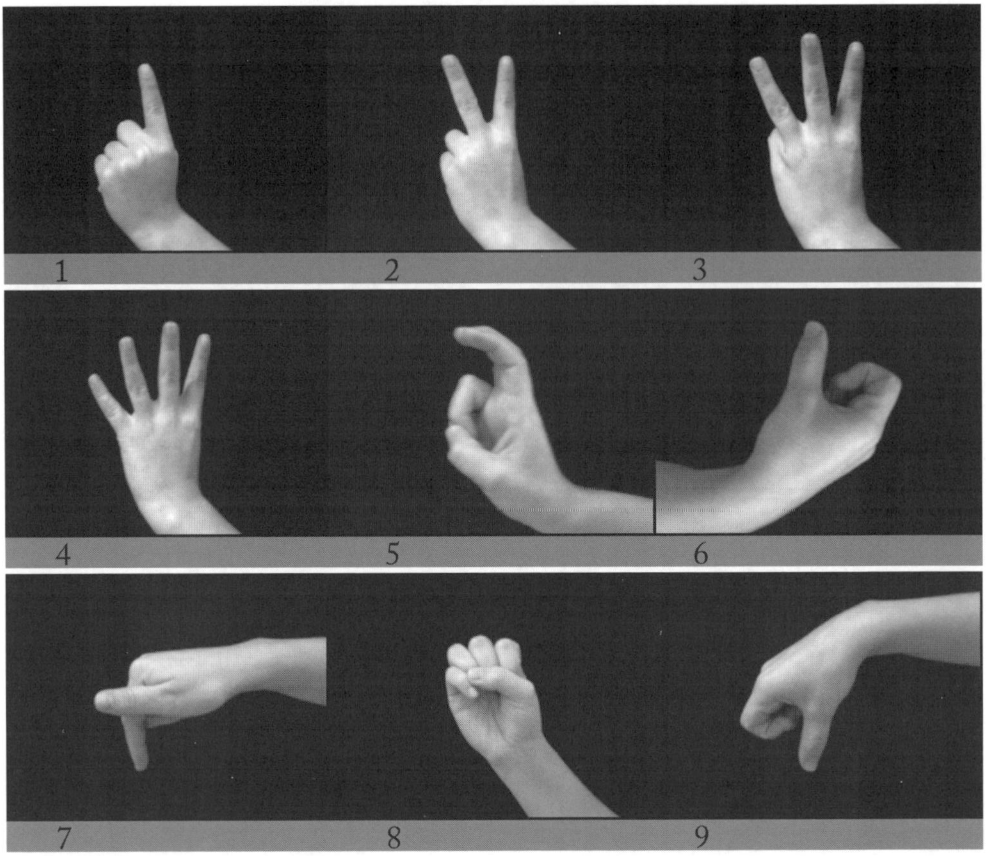

Atualmente se pensa na adoção, além da língua de sinais, também da língua escrita de sinais, pois o surdo brasileiro precisa comunicar-se em LIBRAS e escrever em outro idioma, seu segundo idioma, que é o português, o que acarreta maior dificuldade na escrita.

A Língua Escrita de Sinais (*Sign Writing*) foi criada em 1974, por Valerie Sutton, inspirada no sistema escrito de danças. É uma escrita que expressa os movimentos, as formas das mãos, as marcas não manuais e os pontos de articulação. O sistema evoluiu muito ao longo dos anos, existindo atualmente o sistema escrito no computador.

CONTEXTO CULTURAL

As pessoas surdas podem apresentar comportamentos que se diferenciam de acordo com o tempo de aquisição da surdez e o contexto em que estão inseridos (Perlin, 1998; Wrigley, 1996). Sendo assim, é possível identificar alguns comportamentos. Segundo a concepção de Perlin (1998), os surdos possuem comportamentos que se aproximam, formando grupos distintos.

Quando nos referimos às pessoas surdas que usam a comunicação visual, definimos esse grupo com *Identidade surda pura*: é o indivíduo que utiliza a LIBRAS para sua comunicação, assim como freqüenta grupos de surdos e está engajado em discussões políticas em prol dos direitos dos surdos.

Outra forma de caracterização surda é a da *Identidade surda híbrida*. Os indivíduos envolvidos nesse grupo adquirem a surdez após o aprendizado da comunicação oral, dessa forma já experimentaram o "mundo" de sons e estão agora pertencendo ao "mundo" surdo. Segundo depoimento de Perlin, "...você não é um, você é duas metades" (Perlin, 1998).

Identidade surda de transição cultural: caracteriza pessoas envolvidas, na grande parte de seu tempo, com pessoas ouvintes e parcialmente inseridas na comunidade surda.

Identidade surda flutuante: define os indivíduos inseridos na comunidade ouvinte e que não possuem contato com pessoas surdas.

Para Perlin (1999), esse último tipo de identidade é subdivido em dois grupos: o dos que conseguiram de alguma forma acompanhar a cultura ouvintista e o grupo que não possui uma autonomia, dependendo sempre de uma pessoa ouvinte.

Existe ainda o grupo de pessoas com *déficit de audição*: elas possuem capacidade auditiva para acompanhar a cultura ouvinte, mas necessitam do uso de aparelhagem para que isso ocorra, o que causa, muitas vezes, estranhamento e algumas dificuldades de relacionamento no grupo de inclusão.

Para as aulas de Educação Física ou em atividades de lazer com crianças e adolescentes surdos, o mais importante é observar o comportamento de cada um.

DESENVOLVIMENTO DA CRIANÇA E DO ADOLESCENTE SURDO

Algumas pesquisas sobre o desenvolvimento da criança e do adolescente surdos apontam aspectos relevantes no seu desempenho motor e em sua maturação. Diehl e Ferreira (2001) realizaram pesquisa para avaliar o desempenho relativo ao equilíbrio em crianças e adolescentes surdos. Nesse estudo, realizado com alunos surdos das escolas especiais da Grande Porto Alegre-RS, foram aplicados testes, cujos resultados corroboram a importância de atividades físicas que estimulem o equilíbrio de crianças e adolescentes surdos.

Os resultados encontrados demonstraram que, de acordo com a população estudada, os indivíduos apresentaram maiores dificuldades no equilíbrio estático, mesmo tendo apresentado melhora com a idade. O desenvolvimento conforme as idades foi apresentado no equilíbrio dinâmico, em que os meninos demonstraram maior estabilização do corpo em movimento em relação às meninas. A conclusão foi que as crianças e adolescentes observados apresentam pouca estabilização do corpo parado e em movimento e ambos apresentam pouco desenvolvimento em relação ao equilíbrio. Fato creditado à falta de estímulos adequados. Nos estudos realizados as autoras afirmam que:

> [...] a falta de estímulos ou o pouco estímulo pode ser o agravamento desse retardo no desenvolvimento desses indivíduos, pois já está comprovado por inúmeras pesquisas científicas que, ao realizarmos um bom trabalho de estimulação motora, resultados positivos aparecem [...]. (Diehl e Ferreira, 2001)

Em relação à maturação, de acordo com os graus de mudanças das características sexuais secundárias, parece existir pouca variação entre os sexos no que se refere à maturação biológica de crianças e adolescentes surdos. No estágio infantil e pré-púbere, os meninos aos 9 anos apresentam sinais das características sexuais específicas da puberdade, enquanto as meninas só alcançam esse estágio aos 10 anos. No entanto, as meninas parecem atingir o estágio da puberdade antes dos meninos, ou seja, aos 12 anos, quando apresentam pêlos e mamas desenvolvidos, enquanto os meninos apresentam pêlos e genitália com características de puberdade aos 13 anos. O estágio pré-púbere foi definido para ambos os sexos aos 17 anos de idade (Diehl e Ferreira, 2003).

ORIENTAÇÕES METODOLÓGICAS

O surdo tem um desenvolvimento comportamental de acordo com o ciclo vital do ser humano, passando pelas fases de bebê, criança, jovem, adulto e velho, como qualquer outra pessoa.

No plano emocional, Freitas e Cidade (1997) relatam que os surdos têm tendência a apresentar maior emotividade, menor autodomínio, introversão acentuada, atraso na maturidade psicológica, maior tendência a neuroses, profundo sentimento de inferioridade, ausência de precisão e rigidez de pensamento, assim como uma falta de controle intelectual sobre os impulsos. No entanto, quando os surdos são estimulados precocemente e têm um bom convívio social, tais comportamentos tendem a desaparecer ou mesmo não se fazer presentes.

Alguns critérios metodológicos devem ser observados no intuito de evitar esse quadro; se a criança ou jovem não for estimulada adequadamente, não freqüentar uma escola que a auxilie a desenvolver seu potencial e não se comunicar em LIBRAS, seu desenvolvimento cognitivo, social e emocional pode ser prejudicado.

Uma das maneiras de obter sucesso no ensino/aprendizagem de crianças e jovens surdos é pela utilização da LIBRAS como meio de comunicação. Essa é a língua que caracteriza a comunidade surda com uma identidade própria e um total domínio da comunicação.

Outro aspecto relevante é que, não tendo o professor fluência na LIBRAS, ao falar com o aluno surdo, deve realizar sua comunicação oral de forma normal, sem articular exageradamente a boca ao falar, pois o aluno captará a informação pela leitura labial. Da mesma forma, não deve gritar com o aluno surdo no intuito de chamar sua atenção, pois ele não o escutará.

Se o aluno estiver de costas para o professor, a comunicação visual não acontece. Por isso, o professor deve se certificar de estar no campo visual do aluno, gesticulando para chamar sua atenção.

Assim como para os alunos ouvintes, também para os alunos surdos as aulas de Educação Física devem ser organizadas do simples para o complexo. Ou seja, atividades já vivenciadas e abstraídas pelos alunos deverão vir antes das atividades novas que ainda não foram automatizadas por eles.

As exigências durante as aulas devem ser compatíveis com as idades. Observando este fator, exija ou releve na execução das atividades sempre conforme a capacidade do aluno.

Muitas vezes o professor deverá, após a explicação da tarefa por meio da LIBRAS, demonstrar a seqüência de atividades, para que os alunos tenham certeza do que fazer, pois o surdo recebe melhor as informações através da visão. Para a criança, faça a atividade com ela primeiramente.

Durante a explicação, a atenção seletiva do aluno, principalmente das crianças, pode desviar-se com facilidade, o que corta a comunicação. Conseqüentemente, o professor deverá retomar a atenção do aluno, o que poderá ocorrer diversas vezes. Isso requer paciência. É importante que o professor esteja certo da atenção dos alunos no momento da explicação, pois, se um estiver desatento, será necessário explicar mais de uma vez, retardando o início da atividade. Quando o professor perceber que um aluno está disperso, uma boa estratégia é gesticular para que ele volte sua atenção para a explicação.

A posição adequada do professor facilita a explicação. Para tanto, certifique-se de que está no campo visual de todos, lembrando-se de que o campo visual é em torno de apenas 180°.

Na educação infantil, nos jogos para crianças, é preciso levar em consideração o período egocêntrico e de desenvolvimento do simbolismo. A criança surda, nesse período, por usar apenas a visão como percepção de comunicação, possui uma atenção seletiva reduzida, já que sua percepção de comunicação é apenas visual. Considerando esse aspecto, antes de dispor o material esportivo/recreativo para os alunos explique o que pretende realizar. Ou, se pretende distribuir diferentes tipos de materiais, faça-o com o propósito de que cada um possa explorá-los livremente, pois em um espaço amplo os alunos tendem a se dispersar, sendo difícil agrupá-los sem que se perca algum tempo nesta tarefa.

No momento da execução das tarefas, procure organizá-las em duplas, para que um auxilie o outro no entendimento das atividades. Também utilize materiais para delimitar, de forma concreta, o espaço que será ocupado no jogo, bem como substituir os recursos auditivos por pistas visuais.

Durante as arbitragens desportivas, é preciso possibilitar uma maior compreensão e velocidade de resposta aos estímulos. Os estímulos sonoros devem ser substituídos por pistas visuais. Por exemplo, não use apito, use bandeiras. Na arbitragem oficial esportiva, podem ser usados recursos tecnológicos, tais como: sistema de iluminação, telões, informativos eletrônicos e *foto-finish*.

Ao planejar as atividades recreativas, procure fazer com que sejam visualmente interessantes, utilizando cores, materiais de diferentes tamanhos e formas, múltiplos objetos com disposição variada. Esses recursos são valiosos para reter a atenção dos alunos, especialmente das crianças.

Para a realização de jogos, o ideal é que os grupos formados sejam pequenos. Cada tarefa, por exemplo, não deve ter mais que seis alunos em cada coluna, para que todos possam participar da atividade com a mesma motivação, sem ter de aguardar muito tempo para realizar a tarefa proposta.

Os exercícios de relaxamento são muito importantes, principalmente para crianças e adolescentes, pois fazem com que o aluno baixe sua euforia pós-jogo. Ao término das aulas, SEMPRE fazer uma atividade relaxante. Os demais professores lhe agradecerão, já que os alunos tendem a ficar agitados, demorando a se concentrarem nas aulas seguintes.

Sugiro que as atividades de expressão corporal e dança sejam oferecidas com pouco ou nenhum acompanhamento musical. O professor deve explorar diferentes alternativas de técnicas corporais. Partindo do pressuposto de que eles vivem em uma cultura visual, não auditiva, naturalmente as atividades expressivas devem ter significado para o surdo, ainda que não tenham para os ministrantes da aula nem para os espectadores ouvintes da performance surda.

A dança-teatro ou atividades de interpretação em geral são ótimas técnicas de expressão surda. Os jogos de imitação são atividades importantes para estimular sua capacidade expressiva, desenvolvendo a expressão corporal, o que auxiliará na sua comunicação e na perda da timidez, já que a língua de sinais é visual-motora.

A capoeira é outro modo de promover o aprimoramento das habilidades motoras e desenvolver a percepção dos diferentes ritmos capoeirísticos, ampliando o potencial de comunicação do aluno surdo (Diehl; Perin, 2001). Portanto, por meio da capoeira o adolescente surdo aprimora seu senso perceptivo e cinestésico, podendo assim interagir melhor com o seu ambiente social.

O uso de filmadora nas aulas é indicado para avaliação com a turma, principalmente com os adolescentes, pois esse método auxilia no aprendizado das técnicas do desporto ou de outras atividades técnicas, como a dança.

Alguns alunos usam prótese auditiva que auxilia no recebimento de sinais sonoros. Nesses casos, o professor deverá pedir que a retirem durante a atividade física de contato, pois seu uso durante a ação pode causar lesões no aparelho auditivo, além de ser um material caro, que pode ser danificado. Se o aluno preferir permanecer com o aparelho, o professor deve alertá-lo para que tome cuidado.

Talvez seja um eterno desafio para nós, professores ouvintes, podermos entender a beleza e a magia da cultura surda. É inegável o fato de que obtemos múltiplas informações através das ondas sonoras, mas a percepção visual da qual, em geral, o surdo é dotado lhes remete a um mundo de detalhes visuais e perceptivos inatingível para nós, ouvintes. Vejo muitos dados de pesquisa interpretando o surdo como auto-imagem "engessada", personalidade "imobilizada". Será que nós estamos preparados para interpretar um outro "surdo" a partir de nós "ouvintes"? Será possível descrever uma cultura sem nunca ter "visitado" nem uma vez sequer este "país" de imagens?

C A P Í T U L O 3

SONS QUE TOCAM: CONTEXTO CEGO E DE BAIXA VISÃO

A visão do ser humano é fator de grande estímulo na busca da satisfação de sua curiosidade e que leva a um desenvolvimento mais ágil e independente. A criança enxerga e movimenta-se para conquistar seu espaço, construindo, dessa forma, seu vocabulário corporal.

A criança privada da capacidade de enxergar sente curiosidade e procura satisfazê-la. Porém, em vez de utilizar a visão, sua atenção será desviada para o som, servindo-se da audição para desvendar sua cinesfera espacial.

Nos casos em que a criança não enxerga desde o nascimento (cegueira congênita), será preciso que ela aprenda que os sons são originários de um espaço concreto e que, ao mesmo tempo, são algo efêmero, não sendo por isso o único referencial de orientação espacial.

Quando a criança possui resquício visual, encontra mais opções de usufruir o espaço em que está inserida. Dessa forma, é necessário conhecer os diferentes tipos de comprometimento visual, porém não se prender a este déficit e sim, trabalhar com o que ela possui de possibilidades, pensando em meios para estimular esta criança com todos os elementos existentes nas informações visuais. Neste capítulo, são apresentadas definições de autores para baixa visão e cegueira, formas de caracterizar as pessoas que possuem essas especificidades, bem como orientações metodológicas a partir da minha prática com crianças e jovens cegos e de baixa visão.

Serão enfocados os alunos considerados cegos ou com baixa visão, por terem a necessidade de adaptações e inovações nas atividades de Educação Física, esportivas, recreativas e expressivas.

CLASSIFICAÇÃO

"O que eu percebo do meu corpo é assim, eu percebo o que os meus amigos falam."[1]

Eu procuro fazer tudo sozinha, independente das pessoas, mas eu gosto quando uma pessoa vem oferecer para me ajudar em alguma coisa, eu gosto disso."

"Ah, eu me sinto feliz. Antigamente eu nem saía de casa. Eu me sinto assim, que estou bem melhor. De fazer piscina. Aqui na Associação, a gente faz expressão corporal, eu me sinto muito bem."[2]

"O que me deixa triste é ser excluído."[3]

Deficiência visual é a redução ou a perda total da capacidade de ver com o melhor olho, mesmo após a melhor correção ótica.

O ser humano possui campo visual, em média, de 180 graus e a capacidade de enxergar a 120 metros de distância. Para uma pessoa ser considerada com comprometimento visual, ela deverá ter um comprometimento em relação à acuidade visual e seu campo visual restrito.

Existem controvérsias quanto à terminologia adequada ao se tratar de alunos cegos ou com baixa visão. São consideradas com baixa visão as crianças com resquícios visuais não suficientes para dispensar a utilização de técnicas de orientação, caso não sejam feitas as devidas adaptações; são consideradas cegas aquelas com incapacidade total de ver a qualquer distância, ou com capacidade de distinguir a luminosidade, porém não as formas. Portanto, a classificação deve ser feita de acordo com o objetivo do trabalho

As formas de classificação da deficiência visual variam conforme o objetivo a que se destinam mas todas são baseadas em elementos clínicos. Essa análise é fundamental para nossa pesquisa, uma vez que, mesmo considerando a proposta de aprendizagem esportiva, aqui, em um prisma essencialmente educacional, percebemos que a classificação em níveis educacional e esportivo possui interpretações diferenciadas (Almeida e Conde, 2002, p. 133).

Podemos perceber que a maioria das classificações é baseada em referenciais clínicos, os quais se preocupam em definir a lesão, enquanto a outra se preocupa com a capacidade visual do sujeito analisado.

A seguir, algumas classificações mais freqüentes na literatura.

DEFINIÇÃO GLOBAL

Conforme a classificação clínica, podemos subdividir a deficiência visual em cegueira e visão subnormal.

[1,2,3] Alunos de uma Associação para Deficientes Visuais.

A cegueira é a ausência ou perda da visão em ambos os olhos, ou um campo visual inferior a 0,1 grau no melhor olho, mesmo após a correção, não excedendo a 20 graus no maior meridiano do melhor olho, mesmo com o uso de lentes para correção. Sob o enfoque educacional, a cegueira representa a perda total ou o resíduo mínimo de visão que leva o indivíduo a necessitar do método Braille como meio de leitura e escrita, além de outros recursos didáticos e equipamentos especiais para a educação. Pode ser congênita, se a perda da visão ocorrer na fase perinatal, ou adquirida, se a perda da visão ocorrer após essa fase.

Visão subnormal ocorre quando o indivíduo possui uma acuidade visual de 6/20 e 6/60 no melhor olho, após a correção máxima. Sob o enfoque educacional, trata-se de resíduo visual tal que permite ao educando ler material impresso a tinta, desde que se empreguem recursos didáticos e equipamentos especiais e, ao mesmo tempo, lentes de óculos que facilmente corrijam algumas deficiências (miopia, hipermetropia etc.).

DEFINIÇÃO DA ORGANIZAÇÃO MUNDIAL DA SAÚDE (OMS)

Com relação à acuidade visual, a OMS considera que visão normal é melhor ou igual 20/25; visão próximo ao normal, entre 20/30 e 20/60; visão subnormal moderada, entre 20/70 e 20/160; severa, entre 20/200 e 20/400, com campo visual menor ou igual 20 graus; profunda, entre 20/500 e 20/1.000, com campo visual menor ou igual a 10; deficiência visual quase total, entre percepção luminosa e 20/1.000, com campo visual menor ou igual a 5 graus; e amourose, sem percepção luminosa.

CLASSIFICAÇÃO ESPORTIVA

Existe uma classificação utilizada no esporte adaptado para cegos: B1, B2 e B3. O B significa cego e vem do inglês *blind*. O número define o grau de comprometimento visual. O código foi definido pela *Internacional Blind Sport Association* (IBSA), e a classificação diz respeito ao grau de visão no melhor olho após a correção devida.

- B1 - da falta de percepção visual até a percepção luminosa, com incapacidade de reconhecer a forma da mão em qualquer distância ou direção.
- B2 - falta de capacidade de reconhecer com acuidade a forma da mão para uma acuidade de 2/60.
- B3 - acuidade visual acima de 2/60 até a acuidade visual de 6/60 e/ou um campo visual maior que 5 graus e menor que 20 graus.

Todas as classificações devem considerar o olho com a melhor correção possível, isto é, todos os atletas que usarem lentes de contato ou lentes corretivas deverão usá-las para a classificação, mesmo que não pretendam usá-las para a competição. Nos jogos para cegos, não serão considerados aptos aqueles com acuidade visual acima de 6/60 e/ou campo visual maior de 20 graus.

CAUSAS DA DEFICIÊNCIA VISUAL

Uma das principais causas da cegueira adulta é o glaucoma. A Fundação Hilton Rocha (1987), simplificando a definição, explica o glaucoma como "elevação da pressão intra-ocular" com outros dois sintomas que completam a conceituação: as alterações papilares (fundoscópicas) e as alterações do campo visual (perimétricas). Podem ser classificados em três tipos: primário, secundário e congênito, sendo o mais freqüente o tipo primário, que atinge 90% dos casos. O glaucoma primário é ocasionado, principalmente, pela retenção do aquoso, substância líquida que está na câmara anterior do globo ocular, que é constantemente renovado. Algumas vezes, por mau funcionamento, a drenagem do aquoso não se realiza, o que provoca seu armazenamento. Essa situação vai provocar uma grande tensão intra-ocular: as paredes do globo ocular começam a ceder e aumentar de tamanho. Todo o aparelho ocular dilata-se e comprime o nervo ótico, provocando dores, havendo o perigo de rompimento do globo ocular. Porém, o líquido se torna turvo e provoca uma perda de visão. O glaucoma primário evolui sem que a pessoa perceba qualquer sintoma.

Outro fator que causa a deficiência visual é a retinose pigmentar. Inicia-se por volta dos 12 anos de idade, evoluindo para a cegueira total, por volta dos 60 anos. Simplificadamente, é a degeneração progressiva das células da retina, evoluindo para a atrofia geral de toda a membrana. É, em regra, hereditária, mas não congênita. Para diagnosticar a doença, examina-se o campo visual, a palidez pupilar, afinamento vascular e a pigmentação (Fundação Hilton Rocha, 1987).

Outra causa da cegueira é o retinoblastoma, um tumor intra-ocular mais comum na infância. O diagnóstico é feito, na grande maioria dos casos, antes dos 4 anos. De origem hereditária, a doença é conhecida popularmente como "olho-de-gato", assim chamada pelo fato de o olho apresentar clarão causado pelo reflexo da luz. Devemos observar alguns sinais característicos dessa doença, tais como: estrabismo, olho vermelho e doloroso, com ou sem glaucoma, e pupila branca (Fundação Hilton Rocha, 1987).

Em bebês recém-nascidos que necessitam receber oxigênio na incubadora pode ocorrer a retinopatia da prematuridade (Fundação Hilton Rocha,

1987). O oxigênio em excesso, aliado a outros fatores como deficiência de vitamina E, cardiopatias congênitas, entre outras, é apontado como responsável pela opacificação do corpo vítreo, acompanhada de degenerecência da retina. A massa fibrosa responsável pela pupila branca (leucocoria) pode ser notada a partir de 6 a 10 semanas de idade, já caracterizando o estágio terminal da doença, quando é chamada de fibroplasia retrolental ou cristalina.

Algumas doenças são transmitidas pela progenitora, como a atrofia óptica, que pode também advir de traumatismos cranianos. Provoca uma diminuição de acuidade visual, raramente inferior a 6/10.

Outro fator responsável pela cegueira é o diabetes. De acordo com Adams (1985), o diabetes é caracterizado pela dificuldade na metabolização e aproveitamento dos alimentos, ocorrendo a presença de grandes quantidades de açúcar no sangue e na urina, devendo-se fazer o controle por meio da insulina.

Grande parte dos alimentos que ingerimos são transformados em glicose. A glicose é transportada no sangue até as células através da insulina,[4] a qual tem como função manter a utilização adequada dos alimentos. O diabetes provoca o aumento da quantidade de açúcar no sangue. Existem dois tipos: tipo 1 e tipo 2.

O diabetes tipo 1 ocorre quando o corpo deixa de produzir a insulina ou não a produz em quantidade suficiente. Ocorre com mais freqüência em jovens.

O diabetes tipo 2 ocorre quando o corpo produz alguma insulina, mas esta não é aproveitada de maneira adequada. Acomete principalmente pessoas com mais de 40 anos.

Os sintomas que costumam acompanhar a presença do diabetes são: sede excessiva, vontade freqüente de urinar, fome constante, alterações visuais, sensação de dor nos membros inferiores, fraqueza e, às vezes, perda de peso.

O diabetes, quando mal controlado, pode desencadear uma série de complicações que aparecerão no decorrer da evolução da doença. Algumas delas: infarto do coração, devido a complicações nos vasos sangüíneos; hipertensão; derrame ou isquemia cerebral; pé diabético, podendo levar à amputação; insuficiência renal e retinopatia diabética,[5] que pode levar à cegueira.

A retinopatia diabética está entre as maiores causas de cegueira no mundo. Existem dois tipos: não proliferativa, caracterizada pelo estreitamento ou enfraquecimento gradual dos pequenos vasos sangüíneos do olho; e proliferativa, caracterizada pelo entupimento dos vasos, podendo evoluir para um vazamento para o interior do globo ocular. Os primeiros sintomas da doença são visão embaçada, dificuldade para enxergar à noite e dificuldade para ler. No entanto, se a

[4] Hormônio produzido pelo pâncreas. É fundamental no processo de controle da taxa de glicose no sangue.

[5] Alterações dos pequenos vasos sangüíneos da porção interna do globo ocular que causam dilatação, vazamento e hemorragia.

pessoa diabética controlar o nível de glicose do sangue adequadamente, através de aplicação de insulina, com acompanhamento de um endocrinologista e visitas regulares a um oftalmologista, é perfeitamente possível evitar que se instale esse quadro. O diagnóstico é feito por meio de um exame de fundo de olho, e a doença pode ser detectada muito tempo antes dos primeiros sintomas se manifestarem. Uma vez instalada, a retinopatia diabética é irreversível.

A Degeneração Macular Senil (DMS) está entre as três maiores causas da cegueira adulta, juntamente com o glaucoma e o diabetes, segundo indicações da Fundação Hilton Rocha (1987). Atinge basicamente o epitélio pigmentar. Sua incidência é alta a partir dos 65 anos de idade, aumentando ainda mais dos 75 aos 85 anos; atinge mais mulheres do que homens, e costuma ocorrer em menor grau entre os negros.

Algumas infecções que ocorrem durante a gravidez são causadoras de cegueira, de acordo com a Fundação Hilton Rocha (1987). Entre elas, a toxoplasmose, que pode ser fatal se a contaminação da mãe ocorre no início da gestação; os riscos diminuem quanto mais adiantada estiver a gravidez. A rubéola é outra doença que, se contraída até o terceiro mês de gravidez, pode causar cegueira e outras anomalias.

Outras infecções neonatais que podem causar a cegueira: sarampo, quando ocorre lesão da retina, e a prematuridade.

A CRIANÇA E O ADOLESCENTE CEGOS E DE BAIXA VISÃO

O indivíduo com comprometimento visual segue a mesma ordem de evolução ontogênica dos indivíduos que enxergam, embora possa ter seu desenvolvimento comprometido se não for estimulado.

Conde (1994) afirma que as crianças cegas apresentam desempenhos inferiores nas áreas motora, cognitiva e social-afetiva em relação às crianças sem essa deficiência, devido, geralmente, a uma educação geral inadequada e estimulação limitada pela sua dificuldade de realização motora. A falta de vivência motora interfere em seu relacionamento motor, cognitivo e perceptivo.

As defasagens psicomotoras apresentadas pelas pessoas cegas e com baixa visão, segundo Conde (1994), são: imagem corporal, esquema corporal, esquema cinestésico, equilíbrio dinâmico, postura, mobilidade, marcha, locomoção, expressão corporal, expressão facial, coordenação motora, lateralidade, direcionalidade, inibição voluntária, maneirismos, resistência física, dificuldade de relaxamento, tônus muscular, maior espaço de tempo entre a prontidão postural e o movimento inerente.

A limitação na captação de estímulos, a falta de experiências práticas, assim como a falta de relação entre objeto visualmente percebido e a palavra causam uma defasagem no nível cognitivo que tem como característica básica a dificuldade na formação e utilização de conceitos. Ressalve-se que a defasagem cognitiva é uma situação conjuntural e não estrutural no desenvolvimento da pessoa cega (Conde, 1994).

Podemos ter algumas defasagens no que diz respeito à autoconfiança, auto-estima, sentimento de mais-valia, insegurança em relação a suas possibilidades, apatia, dependência, medo de situações e ambientes não conhecidos, dificuldade de estabelecimento de relações básicas do seu "eu" com as pessoas e com o ambiente; isolamento e desinteresse pela interação social, bloqueios no relacionamento; ansiedade, auto-iniciativa para a ação motora (Conde, 1994).

Espaços de lazer esportivo são um meio de ativar as crianças e jovens cegos para a exploração do vocabulário corporal, evitando que se fechem em seu mundo de "barreiras" invisíveis criadas, muitas vezes, pela superproteção de pais, parentes, amigos e escola, dificultando a autonomia.

A cegueira pode levar a problemas como: falta de equilíbrio, deficiência cardiorrespiratória, dificuldade perceptiva (orientação espacial, direcionalidade e atividades posturais inadequadas), coordenação (motricidade fina e motricidade ampla).

Muitas vezes, o desenvolvimento sócioafetivo pode ser comprometido, trazendo dificuldades em pertencer a um grupo social que não à família e exagero nas limitações.

A pessoa cega pode ter uma percepção auditiva e tátil aguçada (por necessitar mais desses órgãos do sentido). Sendo assim, seu desenvolvimento motor é estimulado por meio de informações sensoriais sonoras e táteis. O movimento é percebido pela criança cega através do toque (sentido cinestésico) e de orientações sonoras. A estimulação de suas capacidades sensoriais (auditiva e tátil) é fundamental para seu desenvolvimento intelectual, social e físico. O conhecimento do corpo, por meio do esquema corporal, é muito importante para a formação de uma consciência corporal realista no processo de desenvolvimento. Isso vai tornando a pessoa mais confiante em si mesma, possibilitando o aprendizado de novas habilidades motoras e um autoconceito positivo. Uma pessoa que conhece seu corpo e tem segurança em sua orientação espacial e mobilidade corporal é um ser confiante, possuidor de auto-estima. Em suma, um indivíduo mais feliz.

Para as crianças com baixa visão, os estímulos devem ser dados levando-se em conta os resquícios visuais que possuem, pois toda informação visual, por pouca que seja, auxiliará em seu desenvolvimento perceptivo. Por outro lado, esse comprometimento não lhes possibilitará uma plena orientação, sem as adaptações apropriadas. As crianças com baixa visão são semelhantes às crianças com visão normal em desejos, ansiedades e aspectos intelectuais. Geralmente necessitam de ajuda especial e costumam ser muito exigidas, em termos comportamentais e de ajustamento social, devido à presença do resíduo de visão.

A educação das crianças cegas e de baixa visão tem seu início no lar, onde os pais devem proporcionar meios que as permitam, em idade escolar,participar de um plano de educação formal. A criança tem capacidade para aprender e se tornar apta para si, para a família e para a sociedade. A estimulação da criança cega deverá começar muito cedo para desenvolver o tato, a audição, o olfato e o paladar. O conhecimento do próprio corpo é crucial durante seu aprendizado. Sua mão e os outros segmentos do corpo precisam ser preparados para reconhecer formas, grandezas, texturas, pesos, ouvir e entender sons, distinguir aromas e sabores, desenvolver noções de quantidade, conhecer números, ter noções de tempo e espaço. O uso adequado dos sentidos possibilita ao cego um desenvolvimento motor gradativo, enriquecendo seu vocabulário cinestésico.

ORIENTAÇÃO E MOBILIDADE

A imagem do corpo, bem como sua relação com o meio ambiente, são conceitos abstratos para os cegos, tendo em vista que eles não dispõem ou possuem poucas referências visuais. Eles constroem o seu mundo físico basicamente através de sensações táteis, olfativas e auditivas.

Mobilidade é a resposta, através de movimentos, a estímulos de origem interna ou externa. A orientação é a utilização dos sentidos remanescentes para estabelecer a posição do próprio corpo e o relacionamento com todos os outros objetos significativos do ambiente.

O professor de Educação Física deverá conhecer as técnicas de orientação e mobilidade para poder realizar seu trabalho com maior desenvoltura e garantir a autonomia de seus alunos. O conhecimento destas técnicas capacitará o profissional na orientação aos cegos nessa descoberta corporal.

As técnicas de orientação e mobilidade mais usadas são cão-guia, guia humano e bengala. Na maioria das vezes, são utilizadas por pessoas cegas, podendo também ser utilizadas por pessoas com a visão bastante reduzida.

A utilização dos cães-guias surgiu nos EUA, em 1929, trazendo à tona o interesse pelas técnicas de mobilidade. Com o grande número de soldados cegos em decorrência da II Guerra Mundial, passou a ser a mais utilizada para dar maior autonomia aos ex-combatentes.

A técnica da bengala é atualmente utilizada pela maioria das pessoas cegas a com baixa visão. Era um recurso dificultado pelo peso do instrumento, antigamente em madeira, até que o médico Richard Hoover melhorou-o, deixando-o mais leve e funcional. A bengala passou, então, a denominar-se bengala longa ou bengala Hoover. Desde então, adquiriu tamanha importância que, em 1980, no encontro da UMC (União Mundial de Cegos), foi escolhida a data de 15 de outubro como o Dia Internacional da Bengala Branca.

A técnica do guia humano, utiliza uma pessoa que serve como auxiliar das pessoas cegas a de baixa visão, orientando-as através por meio do toque.

CÃO-GUIA

O uso de cães-guias pelos cegos recebeu grande interesse popular, mas sua praticabilidade tem sido, provavelmente, pouco explorada. Foi calculado que o emprego de cães-guias só é praticado por 5% dos cegos. O cão não orienta o cego para um determinado destino. A pessoa deve conhecer o seu destino e como alcançá-lo. O cão, assim como a bengala, só indica os espaços em que a pessoa cega pode se deslocar com segurança.

As raças mais usadas para o adestramento como cães-guias são *Retrevier do Labrador* e o *Golden Retrevier*, macho ou fêmea. Essas raças são indicadas por serem facilmente adestradas e possuírem um bom comportamento com seres humanos.

Em geral, as escolas de adestramento seguem certos critérios. O cão é desmamado ao completar 2 meses de vida e entregue a uma família voluntária que o criará até que complete um ano. A família voluntária deverá proporcionar ao cão experiências variadas, tais como sair para passear, visitar diferentes lugares, interagir com diferentes pessoas, conhecer lugares movimentados etc. Após habituar-se ao convívio social, por volta de um ano, o cão é avaliado para verificar se possui as características necessárias para ser um guia de cego. Retorna, então, à escola, onde receberá o adestramento que o tornará um cão-guia (Projeto Cão-Guia de Cegos, 2003).

O treinamento do cão dura em torno de 6 meses, quando então é doado ao cego. O cão-guia receberá comandos do seu usuário, auxiliando-o na sua locomoção.

O cão-guia atuará com o cego até os seus 10 anos de idade, aproximadamente. Caso o dono cego faleça antes desse tempo, o cão poderá ser doado a outro cego, recebendo um treinamento para readaptação.

O cão-guia, muitas vezes, torna-se econômica e praticamente inviável. Essas razões contribuem para que a bengala seja a técnica mais utilizada pelo cego no seu dia-a-dia.

TÉCNICA DA BENGALA

O indivíduo cego deverá ter uma bengala adequada a sua estatura, ou seja, deverá ter o comprimento que vai da altura do peito até o chão. O uso de uma bengala ajuda o cego a caminhar e a ter mais confiança, especialmente quando anda em lugares que não conhece bem. Com prática, ele poderá também caminhar de forma mais rápida e regular, com passadas mais longas e seguras, já que pode sentir mais à frente com a bengala do que com os pés. Quanto mais cedo a criança aprender a usar sua bengala, mais autonomia terá para explorar o espaço ao seu redor.

A bengala deve ser movida de um lado para outro, tocando levemente o chão; a largura do movimento lateral deve ser um pouco maior que a largura dos ombros. Enquanto a bengala rastreia um lado, o pé do lado oposto estará um passo à frente. O movimento da bengala de um lado para outro serve para auxiliar na percepção de obstáculos no caminho. A melhor maneira de segurar a bengala, ao subir uma escada, é com o braço estendido à frente, mantendo-a reta, perpendicular ao solo, para sentir a posição e a altura de cada degrau.

Com o uso da bengala é possível aprender a sentir objetos, altura, degraus e possíveis obstáculos.

A bengala não será necessária quando uma pessoa estiver orientando a pessoa cega. Esta técnica é chamada de guia-humano. Porém, na bolsa de uma pessoa cega sempre estará a bengala. Ela é sinônimo de independência.

GUIA HUMANO OU VIDENTE

A técnica do guia-vidente ou guia humano é assim chamada por ser o cego orientado por uma pessoa que enxerga. Essa técnica deve ser bem conhecida pelo professor de Educação Física, pois facilitará na mobilidade do aluno cego.

Primeiramente, sempre que for auxiliar um aluno ou outra pessoa cega, pergunte se necessita de auxílio. Se a ajuda for necessária, alguns detalhes devem ser observados: a pessoa que está guiando se coloca meio passo à frente do cego, que pegará levemente acima do cotovelo do guia. O guia e o cego manterão seus cotovelos junto ao tronco. Ambos caminharão normalmente até o destino desejado. Essa forma de agir vai permitir que o cego acompanhe o movimento do corpo do guia e entenda o caminho a seguir.

Em lugares estreitos, o guia mantém atrás do corpo o braço que o cego segura, assim ele perceberá que deverá ficar atrás do corpo do guia. Ao subir ou descer escadas, o guia oferecerá ao cego o lado em que está o corrimão. O cego deverá ficar um degrau atrás do guia. O guia descreverá oralmente o percurso. Essa explicação deve ser breve, sem ater-se a detalhes, caso contrário será inconveniente.

É importante ressaltar que nem todos os cegos aprenderam essa técnica. Ainda encontramos cegos que andam de braços dados ou com a mão no ombro do guia. Quando isso ocorre, devemos orientar os alunos da necessidade de aprender as técnicas de orientação e mobilidade com um profissional capacitado ligado às associações e entidades representativas das pessoas com deficiência visual.

ORIENTAÇÕES METODOLÓGICAS

A Educação Física é um dos meios onde crianças e adolescentes cegos ou com baixa visão podem explorar seu espaço e adquirir um bom desempenho motor para as atividades do seu dia a dia. Além do aspecto motor, as atividades esportivas possibilitam momentos de integração social, podendo ampliar o círculo de amizades desses jovens. Ao praticar esportes como o futsal ou a natação, eles estão quebrando barreiras do preconceito, pois demonstram que podem praticar esportes com habilidade motora, bastando para isso que as modalidades sejam adaptadas às suas necessidades.

Meu entendimento vai ao encontro do pensamento de Conde (1994), quando diz que a realização de atividade física favorece a evolução de aspectos como a autoconfiança, a auto-estima e o sentido de cooperação, além de capacitá-los para superar barreiras impostas e conquistar uma maior inclusão no meio social. A atividade motora deverá ser integrada à rotina da pessoa o mais cedo possível, para que ela desenvolva um amplo repertório de movimentos.

Nesta perspectiva, a Educação Física pode ser um instrumento intermediador, através da figura do professor, que deve não só reconhecer no aluno suas necessidades educacionais, mas também privilegiar o indivíduo, sua relação e integração com o meio ambiente e a sociedade. (Conde, 1994)

Nas aulas de Educação Física, o professor deverá estar atento e capacitado para atender às necessidades específicas de seus alunos, sejam eles cegos ou não. Todavia, para que as atividades sejam variadas e ricas de estímulos, devem ser utilizados recursos e cuidados que, em geral, não são explorados ou não são necessários na aula para alunos que enxergam.

É fundamental o professor estar ciente de que o comando verbal é o primeiro passo para um bom entendimento professor-aluno e aluno-aluno. Sendo assim, as atividades deverão ser explicadas de maneira clara e objetiva. Do mesmo modo, ao orientar sobre as atividades a serem realizadas, não se deve mudar de local para que o aluno não perca a direção de onde se origina a informação, e ao sair do ambiente, comunicar aos alunos para que eles não fiquem buscando um professor ausente. Quando a voz não for suficiente para explicar a dinâmica de uma atividade/jogo, será necessário que o professor passe as instruções através do tato, tendo sempre presente que a observância das técnicas de orientação e mobilidade permitirá uma melhor percepção do aluno no que se refere ao espaço utilizado e à forma de auxílio prestado. Quer dizer, com o uso do tato, o aluno não será conduzido na realização da atividade proposta, mas somente perceberá o movimento através do auxílio recebido.

Outro aspecto importante é o incentivo dado pelo professor no que se refere à autonomia do aluno. Nesse sentido, o professor deve orientá-lo sobre o espaço físico onde está inserido, desde a disposição dos materiais na quadra até a organização de seu mapa mental do espaço físico da escola. Ao mudar o lugar de qualquer recurso material, será necessário avisar ao aluno. Da mesma maneira, ao transferir as atividades para outras dependências, é preciso orientar o aluno sobre o novo espaço físico a ser utilizado.

Ainda concernente ao espaço físico, o professor deve cuidar que as atividades sejam aplicadas em locais que facilitem sua execução, sem interferência de sons externos. O ambiente deve ser silencioso, de forma que só seja possível escutar os recursos utilizados na aula. O uso de cordas e fitas em alto relevo é indicado para delimitar o espaço ou o caminho a ser percorrido. Dependendo da situação, esses dispositivos podem estar presos ao chão ou suspensos, presos nas extremidades de uma parede ou, ainda, seguros pelos alunos.

A direcionalidade é um dos subcomponentes da consciência corporal a serem trabalhados pelo professor com os alunos cegos ou com baixa visão. Para melhor orientação da direcionalidade, usar e explorar todos os recursos sonoros durante as aulas, como: pulseiras sonoras, tornozeleiras sonoras, cintos sonoros e bolas com guizos, dentre outros. A utilização de instrumentos como pandeiros e apitos é indicada para dar direção ao grupo. Alguns desses materiais não são fáceis de se encontrar à venda ou, às vezes, faltam recursos para a compra; então, vale a criatividade para inventar similares que sirvam para o mesmo fim.[6] Todos os recursos e cuidados com o espaço são fundamentais para que o professor consiga trabalhar para promover a saúde do seu aluno cego ou com baixa visão.

Atividades que desenvolvam aptidões voltadas à saúde, como força, flexibilidade, agilidade, resistência muscular localizada e resistência cardiorrespiratória, devem ser desenvolvidas pelo professor, colaborando para que seu aluno tenha uma vida saudável. Muitas vezes as atividades de velocidade e agilidade são difíceis para o aluno cego. Embora as atividades com maior dinamismo sejam mais complexas para esses alunos, o professor deverá viabilizar espaços de aprendizagem de brincadeiras de correr em velocidade ou com agilidade, bem como corridas de resistência cardiorrespiratória.

Para alunos na fase de educação infantil são recomendáveis jogos com poucas combinações de movimentos, acrescentando-se aos poucos atividades com combinações dos padrões de movimentos mais complexos. Isso permitirá que o professor conheça a criança, suas possibilidades e limites, e ao mesmo tempo evita que ela se canse ou desvie sua atenção da atividade proposta e, com isso, se sinta desestimulada ou inibida para fazer parte daquele grupo.

Por outro lado, nas séries iniciais, o professor deverá estar atento no planejamento das atividades para que elas sejam diferenciadas, não permanecendo naquelas já conhecida. Deste modo, permite-se que o aluno cego ou com baixa visão amplie seu repertório de movimentos.

Lançar novos desafios para a turma, apresentar novidades, além de possibilitar o aumento das habilidades trabalhadas, fará com que o aluno sinta vontade de participar. Toda forma de exploração de atividades é válida, mas para uma melhor organização no seu decorrer é indicado que elas sejam feitas em duplas ou em pequenos grupos.

Sempre que houver algum resíduo de visão, este deverá ser explorado ao máximo, pois talvez as informações visuais não permaneçam por muito tempo. Então, é preciso garantir que o indivíduo aprenda ao máximo esse mundo de formas visuais. Quando, numa turma, houver alunos de baixa visão, serão necessários alguns cuidados adicionais, como controlar a luminosidade do lo-

[6] Latinhas de refrigerante com pedrinhas dentro, bolas enroladas em saco plástico ruidoso, tampinhas amassadas de garrafas dentro de uma bola e outros tantos. Outros instrumentos podem ser propostos pelos próprios alunos e confeccionados nas aulas de artes.

cal de treinamento, pois algumas patologias reagem bem à luz, enquanto outras não são receptivas à luminosidade.

O professor deverá estar atento ao contraste da luminosidade, ou seja, posição contra o sol, de costas para o sol, frente às luzes (a luz deve estar direcionada para o professor); a utilização de cores contrastantes nos recursos utilizados (por exemplo, se a quadra é marrom, usar uma bola branca). Para esses alunos, são recomendados materiais e pinturas com cores fortes e brilhantes. Aos alunos de baixa visão que usam óculos, é recomendável que os prendam durante os exercícios de impacto ou redobrem a atenção para evitar acidentes.

O adolescente precisa de desafios para poder seguir em frente nas atividades físicas, motivo pelo qual o desporto é uma das atividades propostas para esta faixa etária. Esportes como o *goalball*, a natação, o atletismo, a ginástica olímpica, o futsal são recomendados, juntamente com a dança, que é outro elemento fundamental para os indivíduos cegos. Sabemos que alguns esportes são quase impossíveis de serem praticados por adolescentes cegos, como o voleibol. Porém, eles não devem deixar de praticá-los ou entender a forma como são jogados, pois faz parte da cultura esportiva geral da nossa sociedade.

Não existe sequer um dia em que alunos com capacidade de enxergar não se olham no espelho ou pelo menos não reparem na roupa e na postura física dos colegas, obtendo parâmetros de atitudes posturais. Como para as crianças e adolescentes cegos essas referências são inviáveis, é importante que o professor de Educação Física crie situações que envolvam a percepção e o estímulo para uma boa atitude postural, proporcionando ao aluno a possibilidade de um maior conhecimento sobre si próprio.

Seguindo orientações de Gallahue e Ozmun (1998), os profissionais envolvidos com crianças ou adultos idosos devem estar atentos a eventuais sinais indicativos de problemas visuais, tais como o costume de franzir os olhos, avaliação incorreta da distância para alcançar objetos, ausência de coordenação em tarefas olho-mão e à necessidade de deslocamento da cabeça para que seja possível alinhar o olhar a um objeto. É preciso, ainda, ficar sempre alerta à diminuição dos problemas recorrentes dos problemas visuais, mantendo os espaços das atividades bem iluminados e privilegiando o contraste entre os objetos utilizados nas tarefas.

As aulas de Educação Física para crianças e jovens cegos ou com baixa visão dependerão fundamentalmente da capacidade e disponibilidade do professor. Este deverá, a cada aula, elaborar criativamente jogos através dos quais possa levar aos seus alunos a oportunidade de rir, brincar, competir, cooperar, através das habilidades motoras.

CAPÍTULO 4

DEFICIÊNCIA MENTAL

"As crianças têm compreensão, mas não conseguem dar resposta à altura. Então, os técnicos acham que as crianças não compreendem. E elas compreendem muito bem. Claro que ela não consegue te dar a resposta exata, mas ela entendeu o que tu querias".[1]

"Eles têm uma ansiedade incrível por não conseguir corresponder. Então, acho que é uma coisa de falar como se fosse de igual para igual, porque eles têm compreensão".[2]

Assim como qualquer outro tipo de comprometimento, é difícil conceituar ou encontrar uma definição objetiva do que é um aluno com deficiência mental. Muitas vezes ocorrem equívocos, como o de pensar que todos os alunos com deficiência mental são iguais e se diferenciam por completo das pessoas ditas "normais". As definições que descrevem deficiência mental como comprometimento intelectual podem não estar levando em consideração outras formas de "inteligência".

A Teoria das Inteligências Múltiplas, proposta por Gardner, em 1980, contempla a diversidade de formas de manifestação da inteligência. Defensor da existência de mais de um tipo de inteligência, classificou-as em sete formas: 1) inteligência lingüística, que se manifesta como habilidade criativa no uso das palavras nas suas diversas formas; 2) inteligência cinestésica, caracterizada pela aptidão em atividades motoras; 3) inteligência espacial, aquela manifestada através da facilidade em identificar, assimilar e relacionar as diversas formas espaciais; 4) inteligência lógico-matemática, que caracteriza a habilidade no raciocínio lógico-dedutivo; 5) inteligência musical, envolvendo a criatividade e o aprendizado musical de forma rápida e eficiente; 6) inteligência interpessoal, que diz respeito à capacidade de relacionamento e compreensão com ou-

[1] Depoimento de M.L.A., mãe de R.A., 22 anos, com Síndrome de Down, aluna do CEAMA.

[2] Depoimento de N.P., mãe de G.P., 28 anos, com Síndrome de Down, aluna do CEAMA.

tras pessoas; e 7) inteligência intrapessoal, característica da auto-estima e autoconfiança desenvolvidas.

Gardner (1980), propõe os estímulos familiar, social e educacional como fatores fundamentais para o desenvolvimento das inteligências, que são combinadas de forma única em cada indivíduo. As diferentes formas de expressão das habilidades humanas devem ser consideradas quando trabalhamos com pessoas que apresentam dificuldades de desenvolvimento na área cognitiva.

Encontramos diferentes enfoques do perfil da pessoa com deficiência mental. Alguns levam em conta testes psicométricos, como Coeficiente Intelectual (QI), outros levam em consideração a origem.

COEFICIENTE INTELECTUAL

Segundo o Manual Diagnóstico e Estatístico de Transtornos Mentais (DSM-IV), deficiência mental é o estado intelectual significativamente inferior à média, associado a limitações em pelo menos dois dos aspectos do funcionamento adaptativo: comunicação, cuidados pessoais, competência doméstica, habilidades sociais, utilização dos recursos comunitários, autonomia, saúde e segurança, aptidões escolares, lazer e trabalho.

Por muito tempo, a Organização Mundial da Saúde (OMS) considerou como deficiência mental ou retardo mental a apresentação de desenvolvimento intelectual abaixo da média apresentada pela população (QI 70), acompanhado de limitações no desenvolvimento perceptivo, motor e/ou social.

Podemos verificar, no Quadro 4 a seguir, os diferentes níveis de cognição identificados através de testes psicométricos.

Quadro 4 – Níveis de cognição por testes psicométricos

Coeficiente intelectual	Denominação	Nível cognitivo / Piaget
QI menor que 20	Profundo	Período sensório-motor
QI entre 20 e 34	Severo	Período sensório-motor
QI entre 35 e 49	Moderado	Período pré-operatório
QI entre 50 e 69	Leve	Período operatório

Os diferentes perfis de pessoas com deficiência mental eram classificados conforme o resultado apresentado nos testes. De acordo com essa classificação, os indivíduos com QI abaixo de 20 eram considerados portadores de deficiência profunda, não possuindo autonomia para atividades básicas como alimentação, higiene pessoal e proteção. Comumente, eram classificados como vegetativos. Pessoas com QI entre 20 e 34 eram identificadas como portadoras de deficiência severa, com possibilidades intelectuais que lhes permitem uma autonomia suficiente para atividades básicas do dia a dia, quando estimuladas, com aprendizagem lenta e pouco gradativa. As pessoas com QI entre 35 e 49 recebiam a denominação de portadores de autonomia moderada, com aprendizado de atividades mais elaboradas e conquista de autonomia básica para a realização supervisionada de tarefas. Eram vistas como completamente educáveis as pessoas com QI entre 50 e 69, capacitadas para exercer atividades laborais com responsabilidade e habilidade, embora com a indicação de supervisão em tarefas complexas.

A tendência atual é de não classificar por coeficiente intelectual, por serem esses testes muito específicos e, por isso, limitados. Devemos sempre levar em conta o histórico de cada aluno, o meio onde vive, a maneira como é tratado e os estímulos que recebe. Podemos encontrar crianças ou adolescentes com o mesmo Coeficiente Intelectual e respostas comportamentais muito diferentes. Ou seja, alguns conseguem articular e organizar o pensamento conforme as tarefas propostas e outros, com o mesmo QI, não apresentam iniciativa de respostas comportamentais.

ORIGENS

A deficiência mental pode ser classificada em 6 áreas, conforme a etiologia (Davis, 1980): 1) genética; 2) complicações pré-natais; 3) complicações no parto; 4) complicações pós-natais; 5) sócio-culturais; e 6) desconhecidas. Neste capítulo serão relacionadas aquelas que apresentam maior incidência.

GENÉTICAS

Apresentam-se sob duas formas: aquelas geradas por desordem bioquímica, como a *Fenilcetonúria* e a *Galactosemia*, e aquelas com aspecto de desordem cromossômica, como a Síndrome de Down, a Síndrome de Rett e a Síndrome do X Frágil.

DESORDEM QUÍMICA

A *Fenilcetonúria*, segundo Thompson (1991), é autossômica recessiva, hereditária e acontece quando, por erro genético, ocorrem mutações no gene da enzima hepática fenilalanina-hidroxilase, que converte a fenilalanina em tirosina. A fenilalanina, que é um aminoácido, é tóxica quando em excesso no sangue, atacando principalmente o cérebro e causando a deficiência mental.

Estima-se que 1 em cada 10.000 recém-nascidos seja portador da fenilcetonúria, atingindo em maior proporção a raça branca. As crianças nascem aparentemente normais, apresentando sintomas apenas por volta do 6º-8º mês de vida. Por isso, é fundamental a detecção da doença ainda no berçário. A condição de portador de fenilcetonúria pode ser revelada através da apresentação de problemas de pele e cabelo, problemas urinários e irritabilidade. A criança com fenilcetonúria não poderá ingerir alimentos que contenham fenilalanina.

É uma típica doença tratável se diagnosticada precocemente. O diagnóstico se dá através do teste de triagem neonatal feito a partir do segundo dia de vida, em geral antes do bebê deixar o hospital, através de uma punção no calcanhar para obter amostra de sangue para exames (teste do pézinho).

Outra doença originada a partir de uma desordem química é a *Galactosemia*. É uma doença metabólica hereditária causada pela incapacidade de metabolizar a galactose[3] (Thompson, 1991). Os portadores de galactosemia geralmente são normais ao nascimento, mas começam a desenvolver problemas nas semanas seguintes ao início da alimentação com leite.

A galactosemia pode ocasionar problemas gastrointestinais, cirrose hepática, cataratas e, se não diagnosticada, causa retardamento mental e pode ser fatal. A exclusão completa do leite da dieta protege contra a maioria das conseqüências.

DESORDEM CROMOSSÔMICA

As anomalias cromossômicas são causas importantes de perda reprodutiva e defeitos congênitos, revelando-se comuns em muitas formas de câncer. Para diagnosticar essas anomalias, a análise cromossômica é um recurso valioso.

Dentro de cada célula do organismo humano estão os cromossomos, responsáveis por todas as características do nosso corpo, como cor dos olhos, altura, sexo, configuração dos órgãos, como coração, estomago, cérebro etc. As células somáticas possuem 46 cromossomos, constituindo 22 pares semelhantes em ambos os sexos (autossomos); o par restante compreende os cromossomos sexuais (XX – femininos e XY – masculinos). As desordens cromossômicas podem estar ligadas aos 23 pares (Síndrome de Down) ou aos cromossomos sexuais (X Frágil).

[3] Monossacarídeo componente da lactose.

Ao falar em síndromes que causam deficiência mental, é importante ressaltar que são um conjunto de comportamentos e características. Portanto, o indivíduo não necessariamente terá todas as características.

A *Síndrome de Down* é a anomalia mais comum e conhecida, causada por um acidente genético que ocorre em média em 1 criança a cada 800. A incidência é maior em nascimentos de mães com idade superior a 35 anos (Thompson, 1991). A síndrome de Down era também conhecida como mongolismo, em função das pregas no canto dos olhos que lembram pessoas da raça mongólica. Essa expressão não é mais utilizada. Thompson (1991) afirma que as causas podem estar ligadas ao par de cromossomos 21, por translocação ou mosaicismo.

A *Trissomia do Cromossomo 21* consiste na presença de um cromossomo a mais no par 21, e ocorre em 95% dos casos da Síndrome de Down.

A *Translocação Robertsoniana* é caracterizada por uma translocação entre o cromossomo 21 e um dos demais cromossomos, geralmente o 14 ou o 22, e ocorre em cerca de 4% dos pacientes. O portador de uma translocação envolvendo os cromossomos 14 e 21 possui apenas 45 cromossomos. Um cromossomo 14 e um 21 estão ausentes e são substituídos pelo cromossomo com translocação. Essa anomalia não apresenta causa direta com a idade da mãe, surgindo quando um dos genitores, especialmente a mãe, é portador da translocação.

A *Síndrome de Down* em Mosaico ocorre em cerca de 1% dos portadores da síndrome de Down. É provável que a maioria provenha de zigotos com trissomia do "21", sendo que representam casos anormais, onde os indivíduos são levemente, comprometidos, menos propensos à baixo grau de anomalia no tecido germinativo, principalmente os nascidos de mães jovens ou nas famílias que possuem mais de uma criança com síndrome de Down.O diagnóstico da doença pode ser feito no pré-natal, no nascimento ou logo após, pelas características dismorfas que produzem um fenótipo distinto.

As características prováveis das crianças com Síndrome de Down são hipotonia, baixa estatura, pescoço curto, orelhas com aparência dobrada típica, boca aberta com a língua protrusa, mãos curtas e largas, abertura de pálpebras inclinada, com a parte externa mais elevada, prega no canto dos olhos semelhante à das pessoas da raça mongólica, pele áspera e seca, dentes pequenos.

Face à hipotonia, o bebê é mais quieto, apresentando dificuldades para sugar, sustentar a cabeça e os membros. A hipotonia diminui com o tempo e o bebê conquista, mais lentamente que os outros, as diversas etapas do desenvolvimento. Quando estimuladas precocemente, apresentam um bom desempenho.

Algumas anomalias possíveis associadas à Síndrome de Down são instabilidade atlantoaxial, convulsões, epilepsias, cardiopatias congênitas, duplicação intestinal, infecções do aparelho respiratório, estrabismo/miopia, entre outras. As meninas costumam ter puberdade tardia e menopausa precoce, existindo relatos de mulheres férteis.

A mortalidade precoce pode ser superior à da população em geral, sendo as causas mais comuns a pneumonia e as cardiopatias congênitas que, tratadas, permitem maior longevidade.

A *Síndrome de Rett*, de acordo com Thompson (1991, p. 56) "[...] é uma síndrome de retardamento mental acentuado, que se supõe ser um distúrbio dominante ligado ao X", afetando somente meninas. Suas conseqüências são retardo mental e movimentos respiratórios alterados.

A criança pode apresentar os primeiros sintomas entre o 6° mês e o 2° ano de vida. Dentre os sintomas pode-se citar a perda das habilidades manuais, o movimento desordenado das mãos, convulsões, ranger de dentes, emagrecimento e o desinteresse pelas brincadeiras.

Síndrome de Retardamento Moderado, a *Síndrome do X Frágil*, seguindo indicações de Thompson (1991), é uma das mais comuns, sendo superada apenas pela Síndrome de Down. É resultado de uma alteração cromossômica ligada ao cromossomo X, cuja causa é desconhecida.

Suas características são face alongada, feições alteradas e macroorquidia. A incidência é acentuada no sexo masculino. Seu diagnóstico no pré-natal é possível, em alguns casos, por demonstração citogenética, mas há dificuldades técnicas. A população que apresenta esta síndrome possui desenvolvimento psicomotor lento e tônus muscular mais relaxado que o normal.

COMPLICAÇÕES PRÉ-NATAIS

No período entre a concepção até o início do trabalho de parto, o feto não é imune aos fatores exógenos. Sendo assim, pode ser afetado por determinados hábitos e ações da mãe ou, ainda, por doenças por ela contraídas. As complicações pré-natais podem ser causadas pela ação de raios X durante o período de gestação, ingestão de drogas e álcool pela mãe no período gestatório, doenças adquiridas pela mãe e que passam ao feto, tais como rubéola e infecções hepáticas. É importantíssimo que a futura mãe tenha boa assistência médica durante a gestação, pois muitos riscos podem ser minimizados através de cuidados médicos.

De acordo com Gabbard (2000), a mãe que contrair rubéola no primeiro mês de gestação terá 50% de chance de gerar um bebê cego, com retardo mental ou com defeitos no coração, fígado e pâncreas, podendo ainda resultar em aborto, natimorto ou prematuridade. A vacina pode evitar que a mãe contraia a doença.

A sífilis pode atacar o sistema nervoso do feto, se não for diagnosticada a tempo na gestante. Gabbard (2000) cita a sífilis como causa de abortos, nascimento de bebês mortos, cegueira, surdez e deficiência mental congênita.

Acredita-se que a *Síndrome de West*, que causa retardo mental, é decorrência de problemas ocorridos durante a gestação, como encefalite, rubéola e toxoplasmose. Atinge principalmente meninos, e os primeiros sintomas normalmente aparecem somente entre os 3 e 8 meses de idade, quando o bebê apresenta-se hipotônico, com espasmos freqüentes com flexão da cabeça e das pernas. Em boa parte dos casos, o retardo mental pode ser evitado por diagnóstico precoce e o eletroencefalograma permite comprovar o problema. O tratamento é feito com anticonvulsivos, para controlar as crises, e atividades de reabilitação. Medicamentos à base de corticosteróides podem regredir totalmente os sintomas.

A *Eristroblastose Fetal* ou *Doença Hemolítica do Recém-Nascido* (DHRN) pode ocorrer quando existe a incompatibilidade sangüínea entre mãe e feto. "Na DHRN, o tempo de vida das hemácias fetais é encurtado pela ação de anticorpos formados pela mãe contra antígenos do feto" (Thompson, 1991, p. 88).

Existem dois tipos principais de DHRN: incompatibilidade Rh, mãe Rh (-) e feto Rh (+), e a incompatibilidade ABO, mãe do grupo O e feto do grupo A ou B. Durante o período de gestação há uma estreita comunicação entre mãe e filho através da placenta. Acidentalmente, podem ocorrer hemorragias na placenta e a passagem dos glóbulos sangüíneos do sangue do filho para a circulação materna. Dessa forma, as hemácias do filho, portadoras do Rh (+), irão sensibilizar o sistema imunológico da mãe, que passará a produzir anticorpos que passarão para a circulação do filho, onde destruirão suas hemácias, originando a doença. O casal em que a mulher possui Rh (-) e o homem Rh (+) terá probabilidade de gerar uma criança com Rh (+).

As conseqüências dessa anomalia são graves se não tratadas, podendo ocorrer a morte do feto ou o nascimento de um bebê gravemente ictérico, existindo a possibilidade de a criança morrer após o nascimento. Existe também a possibilidade de nascer uma criança com deficiência mental, surda ou com paralisia cerebral.

A ocorrência é de um caso em cada 150/200 nascimentos, sendo que a maioria dos casos é decorrente da incompatibilidade Rh. A incompatibilidade ABO, de difícil diagnóstico, tende a ser leve. O diagnóstico pode ser feito no pré-natal espectofométrico para o exame do líquido amniótico, que determina a gravidade da situação.

Nos casos em que o filho é Rh (-) e a mãe Rh (+) não há problema, pois a produção de anticorpos pela criança só tem início cerca de 6 meses após o nascimento. Salienta-se, ainda, que existem outros sistemas de grupos sanguíneos na espécie humana.

Segundo Gabbard (2000), toxoplasmose, herpes 2, varicela, catapora, sarampo, poliomielite, caxumba, tuberculose e febre amarela são outras infecções associadas ao nascimento de crianças com deficiência, cujos danos podem ser eliminados ou suprimidos através de cuidados médicos.

Mães fumantes podem gerar bebês prematuros e de baixo peso. O monóxido de carbono produzido pelo cigarro ao ser fumado atua diretamente no transporte de oxigênio da hemoglobina, podendo causar hipóxia ou falta de oxigênio ao feto. Também em decorrência da diminuição de oxigênio, futuramente o filho poderá apresentar problemas de memória ou no aprendizado. Além disso, o hábito de fumar da mãe poder causar aborto e malformações em alguns órgãos no feto.

O hábito de ingerir álcool durante a gestação, mesmo em pequenas doses, pode ocasionar danos no desenvolvimento do feto, já que é uma substância que atravessa a placenta e atinge o fígado do bebê, ainda não completamente formado, sofrendo a ação direta do álcool. A *Síndrome do Álcool Fetal* ocorre quando a mãe ingere álcool em excesso durante a gestação, o que pode ocasionar retardo mental e desenvolvimento motor imaturo, além de gerar crianças que apresentam defeitos faciais, nos segmentos e nos órgãos, tamanho físico anormal e atenção diminuída (Gabbard, 2000).

A radiação de raios-X ou de outras origens antes da acomodação do óvulo no forro uterino pode causar o aborto. Se a exposição à radiação ocorrer após a acomodação do óvulo, pode haver danos ao sistema nervoso central, tumores malignos, leucemia, retardo mental, defeitos cranianos e morte. A exposição de radiações advindas de explosões atômicas ou do lixo atômico é relacionada à mesma sintomatologia.

COMPLICAÇÕES NO PARTO

O período perinatal corresponde ao início do trabalho de parto e vai até o 30° dia de vida do bebê. Os problemas decorrentes deste período são relacionados à prematuridade, que ocasiona o baixo peso (PIG – Pequeno para a Idade Gestacional); má assistência no momento do parto, que pode ocasionar traumas ao bebê; hipóxia ou anóxia e icterícia grave do recém-nascido.

Em decorrência desses traumas, o bebê terá seqüelas de Paralisia Cerebral (Pc). A Pc, quando lesa a região do cérebro responsável pela cognição, pode levar à deficiência mental. Porém, em muitos casos, a Pc afeta duas ou mais regiões do cérebro ocasionando deficiências múltiplas, gerando, por exemplo, uma seqüela cognitiva e outra motora.

COMPLICAÇÕES PÓS-NATAIS

As complicações pós-natais são aquelas que incidem do 30º dia de vida até o final da adolescência e podem ser causadas por desnutrição ou desidratação grave; carência de estimulação global; infecções como encefalites, febres altas que podem destruir as células cerebrais, e meningite, resultante do ataque de bactérias que causam danos ao sistema nervoso central; intoxicações exógenas (envenenamento) por remédios, inseticidas, produtos químicos (chumbo, mercúrio); acidentes, tais como de trânsito, afogamento, choque elétrico, quedas etc. ou infestações como a neurocisticercose.

Ainda podemos citar as complicações sócio-afetivas, que são problemas decorrentes da insuficiência de estímulos sensoriais nos primeiros anos de vida, além de fatores que não podem ser atribuídos a nenhum dos acima relacionado.

Muitas das causas podem ser evitadas através dos exames pré-natais.

SÍNDROME DO AUTISMO

A Síndrome do Autismo carece de uma definição exata. Pode-se dizer, de forma geral, que o autismo acarreta dificuldades na comunicação, na interação com o ambiente e nas relações interpessoais.

Através do estudo com 11 crianças, em 1943, Leo Kanner chamou a atenção para algumas peculiaridades que as distinguiam das crianças esquizofrênicas, tais como: dificuldades para desenvolver a linguagem; dificuldades no relacionamento com outras pessoas; dificuldades para aceitar as mudanças do ambiente; ecolalia; inversões pronominais; repetição de atos. Kanner ressaltou o medo extremado destas crianças no que se referia à alteração de sua rotina; qualquer mudança feita representava um transtorno para elas.

Atualmente, o autismo é tido como uma síndrome comportamental, compreendendo um conjunto de sintomas que podem ter mais de uma origem. Segundo a CID-10, é

> um transtorno invasivo de desenvolvimento definido pela presença de desenvolvimento anormal e/ou comprometimento que se manifesta antes da idade de 3 anos e pelo tipo característico de funcionamento anormal em todas as três áreas de interação social, comunicação e comportamento restrito e repetitivo.

Ocorre em uma proporção de quatro homens para uma mulher, variando numa faixa de 5 a 15 casos em cada 10.000 indivíduos.

Critérios para diagnóstico do autismo, segundo a CID-10, em que pelo menos oito dos itens especificados devem ser aceitos:

1. Lesão marcante na interação social recíproca, manifestada por pelo menos três dos próximos cinco itens:
- dificuldade em usar adequadamente: contato visual, expressão facial, gestos e postura corporal para lidar com a interação social;
- dificuldade no desenvolvimento de relações de companheirismo;
- raramente procura conforto ou afeição em outras pessoas em tempos de tensão ou ansiedade, e/ou oferece conforto ou afeição a outras pessoas que apresentem ansiedade ou infelicidade;
- ausência de compartilhamento de satisfação com relação a ter prazer com a felicidade de outras pessoas e/ou de procura espontânea em compartilhar suas próprias satisfações através do envolvimento com outras pessoas;
- falta de reciprocidade social e emocional.

2. Marcante lesão na comunicação:
- ausência do uso social de quaisquer habilidades da linguagem existente;
- diminuição de ações imaginativas e de imitação social;
- pouca sincronia e ausência de reciprocidade em diálogos;
- pouca flexibilidade na expressão de linguagem e relativa falta de criatividade e imaginação em processos mentais;
- ausência de resposta emocional a ações verbais e não-verbais de outras pessoas;
- pouca utilização das variações na cadência ou ênfase para repetir a modulação comunicativa;
- ausência de gestos para enfatizar ou facilitar a compreensão na comunicação oral.

3. Padrões restritos, repetitivos e estereotipados de comportamento, interesses e atividades, manifestados por pelo menos dois dos próximos seis itens:
- obsessão por padrões estereotipados e restritos de interesse;
- apego específico a objetos incomuns;
- fidelidade aparentemente compulsiva a rotinas ou rituais não funcionais específicos;
- hábitos motores estereotipados e repetitivos;

- obsessão por elementos não funcionais ou objetos parciais de material de recreação;
- ansiedade com relação a mudanças em pequenos detalhes não funcionais do ambiente.

Todos os distúrbios cognitivos podem ser amenizados se o bebê e as crianças receberem estimulação precoce. Algumas orientações são fundamentais quando realizamos atividades físicas com crianças com deficiência mental.

EXAMES PRÉ-NATAIS

O acompanhamento médico é a melhor forma para prevenir eventuais problemas com o feto ou com a mãe. Existem alguns casos em que serão necessários exames que podem trazer risco de vida ao feto, como o vilocorial e a amniocentese. No entanto, podem ser recomendados quando a mãe tiver 35 anos ou mais; quando o casal já tiver um filho com Síndrome de Down ou com outra alteração cromossômica; e quando os pais tiverem desordens cromossômicas.

A seguir, alguns exames que permitem detectar alterações cromossômicas e doenças genéticas do feto:

Quadro 5 – Exames e alterações cromossômicas e doenças genéticas detectados

Exame	Detecta	Quando fazer
Vilocorial (Cavc)	Alterações cromossômicas e doenças congênitas	Entre 11ª e 14ª semana
Amniocentese	Alterações cromossômicas	Entre 14ª e 20ª semana
Cardocentese	Alterações cromossômicas e doenças genéticas	18ª semana
Ultra-sonografia	Alterações genéticas	Qualquer época
Ultra-sonografia morfológico	Malformações	A partir da 18ª semana
Ultra-sonografia em 3ª dimensão	Malformações	A partir 20ª semana
Translucencia nucal	Alterações cromossômicas	Entre 11ª e 14ª semana
Doppler do duto venoso	Alterações cromossômicas e problemas cardíacos	Entre 11ª e 14ª semana

DEFICIÊNCIA MENTAL X DOENÇA MENTAL

Em nossa sociedade, é comum a utilização da expressão "doente mental" para designar tanto pessoas com deficiência mental como com doença mental. Essas pessoas, porém, apresentam comportamentos distintos.

A pessoa com deficiência mental nasce ou adquire essa condição em conseqüência de uma desordem do organismo. Tal desordem acarreta dificuldades no entendimento do pensamento formal, ocasionando dificuldades de abstração diante de uma informação complexa. Porém, o indivíduo com deficiência mental mantém a percepção da realidade. Seu desenvolvimento sócio-afetivo é normal quando estimulado adequadamente.

Já a pessoa com doença mental tem distúrbios de personalidade. Esse comprometimento é ocasionado por uma desordem psíquica. O doente mental apresenta um quadro patológico que muitas vezes altera sua percepção da realidade.

As doenças mentais mais comuns são Síndrome do Pânico, Esquizofrenia, Desordem Obsessiva-Compulsiva (DOC), Depressão e Distúrbio Bipolar (antiga Psicose Maníaco-Depressiva). Essas doenças podem ser controladas através de medicamentos administrados pelo médico psiquiatra.

A Síndrome do Pânico é um distúrbio de ansiedade, geralmente uma reação do organismo a situações complicadas. Causam sensações físicas como sudorese intensa, falta de ar e taquicardia. Muitas vezes, a pessoa tem a sensação de que vai morrer.

Na esquizofrenia, ocorre a perda do senso de realidade, que ocasiona a incapacidade de distinção entre o que é real e o que é imaginário. A pessoa pode ouvir vozes e ver coisas que não existem ou pensar que está sendo perseguida, dentre outras sensações.

Pensamentos e gestos repetidos caracterizam a Desordem Obsessiva Compulsiva (DOC). O indivíduo acometido por essa doença sabe que os gestos e pensamentos não fazem sentido, mas não consegue evitá-los.

A depressão altera com grande intensidade o humor da pessoa, causando sentimento de tristeza profunda. Acarreta desânimo, insônia, apatia e falta de vontade para fazer coisas simples como tomar banho ou caminhar.

O Distúrbio Bipolar é caracterizado por alterações de humor, passando do estado de inércia e tristeza para a sensação de euforia com múltiplas atividades, sensação de intensa felicidade ou irritabilidade.

Existem muitas doenças que não foram citadas, mas o importante é deixar claro que doença mental e deficiência mental são distintas. Todavia, podemos ter alunos com deficiência mental que apresentam também um quadro de doença mental. Sendo assim, esse aluno terá comportamentos ora característicos de deficiência ora de doença mental. Todos, no entanto, devem ser respeitados em sua alteridade.

ORIENTAÇÕES METODOLÓGICAS

Como foi visto, várias são as causas da deficiência mental, como são várias suas conseqüências. Portanto, é importante salientar que as pessoas com deficiência mental não possuem um só perfil comportamental. Os valores morais e a educação são diferentes, conforme sua criação, o modo como são tratados, os estímulos que recebem, dentre outros fatores.

Tudo isso vai interferir no desenvolvimento do aluno, independente da idade cronológica. Os estímulos recebidos e a criação vão interferir diretamente nas fases de desenvolvimento, o que determina diferenças entre indivíduos situados na mesma faixa etária.

Diante disso, o ideal é que o profissional de Educação Física conheça o histórico de cada aluno para poder, na medida do possível, personalizar a aula ou, no mínimo, fazer atividades passíveis de adequação para todos. Com isso, o uso de fichários com dados médicos e familiares dos alunos é importante, além de permitir, após cada aula, o registro de anotações sobre cada aluno. Essas anotações serão úteis para, no final de um período, avaliar a metodologia aplicada e considerar os avanços do aluno. Não ocorrendo uma boa resposta à metodologia aplicada, o professor deverá adotar outras estratégias metodológicas para alcançar seus objetivos.

Alguns cuidados são importantes quando trabalhamos com grupos de crianças e adolescentes com deficiência mental, embora devamos levar em consideração que são aspectos generalizados.

Ao trabalhar com alunos com deficiência mental, é preciso levar em conta que eles podem apresentar dificuldades de abstração e no entendimento das tarefas propostas, tais como regras e estratégias de jogo. Assim, ao sugerir tarefas motoras para o grupo, certifique-se de que todos tenham compreendido o que foi proposto. Exemplifique ou demonstre a seqüência do jogo a ser realizado.

Muitas vezes a criança e o jovem com deficiência mental apresentam pouca disposição para iniciar a atividade proposta. Por isso, não demonstre o jogo muitas vezes. Apenas realize a primeira seqüência e, da segunda em diante, instigue o aluno com frases como “Quem é agora?”, “Como é para fazer?” Estimule o aluno para que ele realize a atividade.

Podem ocorrer dificuldades no entendimento, quando mais de um conceito está presente ao mesmo tempo. Ao planejar uma aula com jogos mais complexos, inicie com as regras mais simples. Após as seqüências terem sido assimiladas pelo grupo ou pelo aluno, introduza a próxima regra e assim sucessivamente.

Algumas crianças ou adolescentes com deficiência mental podem apresentar comprometimento no seu desenvolvimento motor, fator que acarretará dificuldades para combinar seqüências de movimentos. Portanto, o professor deve contemplar também aquelas brincadeiras que parecem ser muito simples, pois talvez alguns de seus alunos só consigam realizar essas.

Em geral, as atividades de locomoção são as mais simples de realizar. Então, ao propor jogos para o grupo, use movimentos que combinem padrões das atividades de caminhar e correr, correr e saltar, saltitar e caminhar. Os movimentos manipulativos e estabilizantes devem ser propostos, mas verifique se seu aluno já desenvolveu essas habilidades. Combine esses padrões de forma gradativa e terá, no futuro, grandes esportistas.

Movimentos de padrões motores combinados são mais elaborados e complexos. Por isso, ao aplicar jogos que combinem padrões como correr e arremessar ou receber uma bola, quicar e correr juntamente com arremessar e receber uma bola, escolha e simplifique conforme o nível de habilidade do aluno.

Também ocorrem situações em que o aluno apresenta instabilidade emocional, fica teimoso e "emburrado". Em tais situações, o professor deverá tentar conversar de igual para igual, fazendo com que ele entenda a situação. Se mesmo assim ele não compreender, deixe-o sozinho e logo ele se acalmará e voltará para a brincadeira como se nada tivesse acontecido. O conhecimento adquirido sobre cada aluno (através das fichas) ajudará sobre como agir nesses momentos.

Alguns cuidados extras devem ser tomados com a criança e o adolescente com Síndrome de Down. Eles podem apresentar instabilidade atlantoaxial, não podendo forçar as primeiras vértebras cervicais, razão pela qual se deve evitar, nesse caso, rolamentos e mergulhos. Os alunos com Síndrome de Down podem também apresentar problemas cardíacos, devendo as atividades de resistência cardiorrespiratória ser moderadas, embora devam ser realizadas. O acompanhamento médico é altamente recomendado para esses alunos.

Às vezes, o aluno pode apresentar dificuldades de entendimento do que seja vencer ou perder em jogos competitivos, principalmente quando vencer significa ganhar prêmios, mais ainda quando o prêmio for uma medalha. O profissional deverá oferecer diversas atividades aos alunos. Poderá promover torneios em que todos ganhem medalhas, podendo ser diferenciadas em primeiro, segundo e terceiro lugares, oferecendo medalhas para todos os participantes. Em outros torneios, explicar que alguns irão ganhar medalhas e outros, não, esclarecendo que o importante é participar. Nesse caso, o professor deverá prepará-los muito antes do evento.

Essas diferentes situações auxiliarão no desenvolvimento da cultura esportiva e no entendimento do que é visto na TV ou em outros eventos competitivos.

Portanto, sempre que forem propostos jogos/brincadeiras para alunos com deficiência mental, é necessário facilitar as regras do jogo, reformulando-as, se necessário, para tornar seu entendimento possível para todos. A explicação do jogo deve ser feita de forma calma, e as informações devem ser dadas uma de cada vez, utilizando uma linguagem de fácil compreensão, permitindo que todos assimilem o jogo/brincadeira.

Após a explicação, demonstre e repita o jogo com cada aluno para assegurar sua assimilação. Com relação aos movimentos, use combinações simples, como, por exemplo, correr, rolar uma bola e arremessá-la, aumentando o grau de dificuldade somente quando observar habilidade nas combinações básicas.

Os recursos para definir direções a seguir devem ser largamente utilizados, pois auxiliam na organização do pensamento do aluno no momento de realizar as tarefas propostas. Por exemplo, se a tarefa consistir em conduzir uma bola com o pé e chutá-la a gol, pode-se fazer um risco com giz assinalando o percurso que deverá ser seguido até chegar ao gol.

A utilização de materiais coloridos e interessantes desperta a atenção do aluno, estimulando-os a ter uma atenção seletiva na atividade proposta. Porém, ao combinar materiais, não exagere no número, pois poderá confundir o aluno.

Muito importante é o incentivo dado aos seus alunos através de demonstrações que estimulem a realização das tarefas, usando interjeições como "vamos lá!", "está quase chegando!", "muito bem!". Também é útil parabenizá-lo pela realização das tarefas propostas, comemorando com ele o sucesso alcançado, mesmo que não tenha sido o vencedor. Isso vai servir de estímulo para que não desista e saiba que sua iniciativa já foi um sucesso.

Não devemos ter pré-conceitos sobre recreação, esporte e dança realizados nas aulas de Educação Física ou em projetos específicos para crianças e jovens com deficiência mental. Muitas das pesquisas e referenciais teóricos enfatizam a "patologia" e seus cuidados. Devemos, sobretudo, conhecer e propor diferentes situações a eles. O resultado será, muitas vezes, impressionante. O ser humano não pode ser visto apenas como uma patologia ou como uma deficiência perceptiva. Somos resultado de uma conjunção de vários fatores: sociais, perceptivos, cognitivos, motores e afetivos e, por isso mesmo, somos tão diferentes uns dos outros. Ou seja, todos esses elementos fazem parte de cada um, mas cada pessoa terá uma resposta que será única.

CAPÍTULO 5

DEFICIÊNCIA FÍSICA

Ao nos depararmos com pessoas com deficiências físicas, em geral, nos vem à mente o quanto deve ser difícil para elas viver num mundo onde as barreiras arquitetônicas são tantas que impedem, na maioria das vezes, o seu acesso aos espaços sociais ou de trabalho. Essa é uma dificuldade física, é um obstáculo visível.

Por outro lado, a maior barreira existente é aquela que não existe concretamente. É a barreira presente nas palavras e nos sentimentos que trazemos desde crianças. Muitas vezes, pais levam os filhos pela mão, impedindo que olhem as pessoas em cadeira de rodas, com bengalas, caminhando com dificuldade. Outros pais dizem que, se os filhos não se comportarem bem, vão ser dados a essas pessoas do "mau". Esse tipo de barreira, muitas vezes, se torna intransponível ou difícil de mudar, pois são barreiras formadas a partir de valores gravados em nossa personalidade.

O estereótipo construído pela mídia, que quer vender produtos para o corpo padrão, faz vítimas da busca desse corpo "belo" e "perfeito". Na corrida desenfreada pela "beleza" e "perfeição", como é possível achar bonito um corpo "imperfeito"? Quando se menciona um corpo belo, muitas vezes já estão excluídas, automaticamente, as pessoas com deficiência, pois para muitos ser bonito é ser "normal". Muitas pessoas excluem a pessoa com deficiência pois partem do princípio, talvez inconsciente, de que o cadeirante, o paralisado cerebral e o distrófico não podem ser considerados belos. Porém, esse corpo pode ser belo, sensual e charmoso como qualquer outro.

Quem não tem uma perna, está incapacitado de andar ou usa uma cadeira de rodas já é excluído da beleza. Para a grande maioria das pessoas, sequer ocorre o pensamento de beleza naquele indivíduo. Para que possamos ver além do "padrão", devemos nos permitir conhecer e perceber esse corpo a partir do que ele é, com as diferenças e as magias que o tornam humano e, também, belo.

De forma aproximada, pode-se dizer que pessoas com deficiência física são aquelas que apresentam algum tipo de comprometimento para a realização dos padrões motores esperados. Essa dificuldade em executar os padrões motores pode acarretar comprometimento ou a não realização de alguns movimentos como: caminhar, correr, saltar, manipular coordenadamente objetos e movimentos de estabilização do corpo.

A definição adotada para este capítulo incluirá pessoas com ausência de um ou mais membros do corpo ou partes de membros, tendo como conseqüência dificuldades em se movimentar conforme o padrão. Abrangerá também pessoas que, devido a Lesões no Sistema Nervoso Central (SNC), congênitas ou adquiridas, tenham os estímulos interceptados, ocasionando o impedimento da realização de atividades motoras no seu dia a dia.

A deficiência motora pode ser caracterizada como um comprometimento físico que restringe, nos mais diversos níveis de amplitude e localização, os movimentos do indivíduo. Esse comprometimento pode ser conseqüência de fatores traumáticos, fisiológicos ou genéticos que podem ocorrer de forma congênita ou adquirida ao longo das diferentes fases do desenvolvimento humano (Diehl, 1998).

As deficiências podem ser de origem articular, óssea, muscular ou neurológica, afetando diferentes áreas motoras. As conseqüências podem ser mínimas ou causar seqüelas graves, impossibilitando a prática de atividade física voluntária.

A origem principal de deficiências físicas no Brasil é de cunho social, ou seja, as deficiências adquiridas em:

> [...] acidentes de trânsito, acidentes de trabalho, devido principalmente à falta de condições adequadas ao trabalho, à negligência dos trabalhadores quanto ao uso de equipamentos de segurança; erros médicos, embora de difícil constatação e comprovação; poliomielite, apesar de as campanhas de vacinação diminuírem sensivelmente este tipo de doença; violência urbana como tiros e uso de outras armas; desnutrição, quando ocorre na infância ou em períodos de gestação. Tais causas podem conduzir o indivíduo à restrição total ou parcial dos seus movimentos expressivos e funcionais e à necessidade de adaptações específicas para a realização dos mesmos. (Diehl, 1998)

Muitas das situações citadas poderiam ser prevenidas se os cidadãos fossem mais prudentes e tivéssemos mais segurança em nossas cidades e estradas. Mas, enquanto isso não ocorrer, ainda haverá pessoas com deficiência física.

ORIGENS DA DEFICIÊNCIA FÍSICA

É possível classificar a deficiência física conforme o aparecimento, a etiologia, a localização e a origem e, portanto, abordá-la de diversos ângulos (Sanchéz, 1990). No contexto da Atividade Motora Adaptada, será analisada no aspecto referente à localização, fator estritamente relacionado à sua origem. É importante conhecer as diversas classificações, pois elas definirão a condição motora para as atividades físicas e esportivas.

Pode-se ainda considerar, para a classificação, os segmentos do corpo afetados (monoplegia, diplegia, triplegia, tetraplegia, hemiplegia e dupla hemiplegia); ou o grau de comprometimento do quadro (leve, moderado e severo). O conhecimento dessas classificações é importante, pois será utilizado no esporte adaptado. O desconhecimento do quadro clínico leva à tendência de enquadrar a criança com paralisia cerebral como deficiente mental. Isso ocorre, muitas vezes, em razão da aparência que a criança apresenta (Duarte e Araújo, 2002, p. 31).

As definições auxiliam o profissional no trabalho junto às pessoas com deficiência física, na escolha de atividades que elas possam fazer, de acordo com seu potencial remanescente, sua eficiência, que dependerá de sua força de vontade e autonomia. Infelizmente, lesões no sistema nervoso central, como cérebro e medula, podem levar a graves seqüelas, até o momento, irreversíveis.

ORIGEM CEREBRAL

As deficiências físicas de origem cerebral são causadas por lesões ocorridas no cérebro que afetam diferentes segmentos do corpo, causando monoplegia quando afetam um membro; diplegia quando afetam dois membros; triplegia se afetarem três membros; quando atingem quatro membros, será quadriplegia; e hemiplegia, quando todo um lado do corpo é atingido.

Em relação ao membro/segmento afetado, o comprometimento pode variar conforme o grau: leve, quando a pessoa consegue realizar movimentos quase na sua perfeição; moderado, quando há necessidade de alguma forma de auxílio; e severo, se a pessoa torna-se dependente em função do comprometimento.

As lesões mais comuns são a paralisia cerebral e os traumatismos crânio-encefálicos.

Paralisia Cerebral (PC)

A Paralisia Cerebral (PC) é uma lesão que afeta o Sistema Nervoso Central (SNC) antes que seu desenvolvimento tenha se completado, causando uma desordem motora e sensitiva na movimentação ampla e fina do corpo. Segundo Adams (1985, p.80): "Essa alteração freqüentemente é complicada pela ocorrência de convulsões, alterações do comportamento ou retardo mental." As Pcs mais comuns são subdivididas em três tipos: espástica, atetóica e atáxica.

Espástica: quando há uma desordem no movimento voluntário, o que faz com que todo o corpo participe de um movimento que, normalmente, envolveria apenas uma parte do corpo. Pode agravar-se conforme o estado emocional.

Atetóica: reflexo que causa um movimento involuntário do corpo, até mesmo quando em repouso.

Atáxica: distúrbio motor que causa problemas na postura e na coordenação motora, causando dificuldades no equilíbrio e na percepção tátil. Raramente ocorre em estado puro.

Causas da Paralisia Cerebral

Existem controvérsias quanto às causas mais freqüentes da paralisia cerebral. De acordo com Adams (1985), são as causas pré-natais, enquanto para Sanchéz (1990) as mais comuns são aquelas ocorridas no período perinatal.

- *Causas pré-natais*: retardo no crescimento intra-uterino, infecções virais da mãe (rubéola, toxoplasmose), medicamentos inadequados durante a gravidez; prematuridade, distúrbios funcionais da mãe, como hipertensão arterial, doença renal ou diabetes e incompatibilidade entre o sangue da mãe e do feto - fator RH;
- *Causas perinatais*: dificuldades no parto; problemas respiratórios (anóxias); icterícia; traumatismos (parto com fórceps).
- *Causas pós-natais*: (considera-se até em torno dos 3 anos) desidratação aguda; anomalias metabólicas; traumatismos, alimentação deficiente.
- A criança com paralisia cerebral poderá ter comprometimento mental, embora encontremos muitas crianças que apresentam somente o comprometimento motor. Estas poderão se sair muito bem em jogos complexos.

Traumatismo Crânio-Encefálico

O Traumatismo Crânio-Encefálico é um outro tipo de lesão no cérebro que afeta o SNC, provocada por trauma ou Acidente Vascular Cerebral (AVC). Pode causar hemiplegia, afasia (dificuldade da fala), comportamento social e emocional alterados. É adquirido e ocorre após os 3 meses de idade.

De acordo com Sanchéz (1990), as causas mais comuns são acidentes domésticos como quedas e golpes; acidentes de trânsito ou de outra natureza. Segundo o autor, suas características são variadas, pois dependem da região lesionada, da gravidade, da combinação com outros traumatismos, da duração e profundidade da perda da consciência.

Os aspectos comumente apresentados são lentidão gestual e intelectual e movimentos involuntários, parecidos com os movimentos dos atetóicos ou dos atáxicos.

Além de afetar o cérebro, as lesões do SNC podem também afetar a medula, causando um traumatismo raquimedular.

ORIGEM MEDULAR

As deficiências de origem medular são causadas por lesões na região da coluna medular, afetando a sensibilidade o controle motor ou ambos. Pode ocorrer na coluna cervical, torácica, lombar ou sacral. As lesões podem ser originadas pela poliomielite, espinha bífida, degeneração ou traumatismos.

Poliomielite

Poliomielite é uma doença aguda, provocada por um vírus (poliovírus) que costuma alojar-se no corno anterior da medula, ataca sua substância cinzenta e destrói as células motoras. Deixa como seqüelas paralisias nas áreas motoras correspondentes, mas preserva a sensibilidade.

Existem três tipos de vírus: tipo 1, denominado de Mahoney (forma paralítica), tipo 2, chamado de Lasing, e tipo 3, Leon. A contaminação se dá via digestiva, e a disseminação através da corrente sangüínea. As pessoas acometidas por essa doença desenvolvem problemas posturais, têm pouco comprometimento sensitivo e não apresentam comprometimento mental.

Após o período inicial paralítico, de 2 a 8 dias, tem lugar o período paralítico agudo, de 24 a 48 horas, caracterizado pela brusca aparição da paralisia flácida, tipicamente assimétrica, ou seja, que pode afetar de maneira desigual os membros inferiores e, às vezes, também os membros superiores. Posteriormente, tem lugar um período de regressão extremamente lenta da paralisia. Nesse período, ocorre a atrofia definitiva dos músculos da região afetada (Sanchéz, 1990).

A poliomielite está completamente erradicada no Brasil. Sua inclusão neste texto visa alertar sobre a vacinação que deve ser feita, efetivando seu desaparecimento. No Brasil, utiliza-se a vacina Sabin, que deve ser administrada no primeiro ano de vida, com reforços até os 5 anos de idade. A OMS está promovendo uma campanha mundial de erradicação da poliomielite, com ênfase em alguns países da África e Ásia que apresentam ainda um nível considerável de ocorrências.

Espinha Bífida

A espinha bífida é outra lesão que ocorre na medula, provocando paralisia que pode variar de uma ligeira seqüela até a perda total da sensibilidade e do controle motor abaixo da lesão, o que caracteriza paraplegia, ou seja, paralisia dos membros inferiores (Sanchéz, 1990). Em 20% dos casos ocorrem problemas circulatórios do líquido cefalorraquidiano, que pode dar lugar à hidrocefalia, se não for feita intervenção cirúrgica para implantação de uma válvula.

De acordo com Adams (1985), "É uma anomalia congênita, caracterizada por um defeito no desenvolvimento de um ou mais arcos vertebrais, através dos quais o conteúdo do canal espinhal pode projetar-se. Geralmente acomete a região lombar, mas outras regiões podem ser comprometidas."

Os tipos mais freqüentes de espinha bífida são:

- *Espinha Bífida Aberta*: o canal neuronal está exposto ao exterior, não permitindo que a pele e os arcos vertebrais se desenvolvam corretamente;
- *Mielomeningocele*: malformação medular, tendo como conseqüência uma hérnia dorsal com células nervosas;
- *Hidrocefalia*: anormalidade de absorção do líquido cefalorraquidiano, causando um aumento do volume;
- *Meningocele*: semelhante à mielomeningocele, porém esta bolsa não contém células nervosas;
- *Medula Tumoral*: hérnia composta por um tumor graxo que pode ou não englobar raízes nervosas;

- *Espinha Bífida Oculta*: ausência de fusão de uma ou mais vértebras, não apresentando quadro clínico na maioria das vezes.

Conforme a altura de ocorrência dessa malformação, o indivíduo pode ficar paraplégico.

Lesões Medulares Degenerativas

As lesões medulares degenerativas ocorrem pela perda gradativa da função das células nervosas da medula, causada por infecções hereditárias.

Os principais tipos de lesão medular degenerativa são a Enfermidade de Werdin, a Síndrome Wohlfart-Kugelberg, Enfermidade de Charcot-Marie-Tooth e Ataxia de Friedreich.

Enfermidade de Werdin (Hoffmann): conhecida pelo nome boneca-de-pano, é a degeneração que provoca hipotonia muscular, paralisia flácida, deformações articulares e insuficiência respiratória. Quando adquirida na infância, sua evolução é rápida e fatal; se tem início na juventude, desenvolve-se mais lentamente.

Síndrome Wohlfart-Kugelberg: degeneração das antenas anteriores medulares, possui uma evolução lenta e raramente é fatal;

Enfermidade de Charcot-Marie-Tooth: degeneração dos nervos da fíbula, ocasionando a atrofia dos membros inferiores. Sua evolução é muito lenta.

Ataxia de Friedreich: degeneração medular que começa entre os 2 e os 20 anos de idade, caracterizando-se por perda do equilíbrio da marcha e da motricidade óculo-manual, problemas de sensibilidade, deformação óssea, cifose, escoliose. A evolução da degeneração é variável.

Traumatismos Medulares

Considerando que a coluna é parte integrante do Sistema Nervoso Central (SNC), qualquer lesão ocorrida nela causa danos irreparáveis. Nossa medula é protegida por 24 vértebras subdivididas em 7 vértebras cervicais (representadas por C), com 8 pares de nervos, 12 vértebras torácicas (representadas por T), com 12 pares de nervos, e 5 vértebras lombares (representadas por L), com 5 pares de nervos. Temos também 5 vértebras sacrais, com 5 pares de nervos, e as coccígeas, com um par de nervos.

Conforme o trauma, o indivíduo pode perder parcial ou totalmente a sensibilidade do corpo e o controle dos movimentos logo abaixo de onde ocorreu a lesão. Indivíduos com lesões na altura das vértebras cervicais podem ficar tetraplégicos, pois é dessa região que saem informações nervosas para os membros superiores; lesões nas regiões torácica e lombar podem levar a uma paraplegia, pois o SNC deixa de levar informações ao tronco e aos membros inferiores. Quando a lesão é nas vértebras sacrais ou coccígeas, ocorre uma paralisia parcial dos membros inferiores, afetando principalmente a parte mais distal dos membros. É importante salientar que lesões acima da C4, local onde o SNC comanda o sistema cardiorrespiratório, podem levar à morte se o indivíduo não for socorrido adequadamente.

O Quadro 6, a seguir, apresenta uma breve explicação das lesões, classificações e conseqüências dos traumatismos medulares:

Quadro 6 – Lesões, classificação e conseqüências

Altura da lesão	Clasificação	Conseqüência
Acima da C4	Tetraplegia alta	Perda da capacidade respiratória, perda sensitiva e do controle motor dos quatro membros e tronco
Cervicais abaixo da C4	Tetraplegia	Perda sensitiva e do controle motor dos quatro membros e tronco
Torácicas	Paraplegia alta	Perda sensitiva e do controle motor dos membros inferiores e tronco
Lombares	Paraplegia baixa	Perda sensitiva e do controle motor da musculatura do quadril e dos membros inferiores
Sacrais e coccígeas	Paralisia parcial	Perda parcial da sensibilidade e do controle motor da musculatura do quadril e dos membros inferiores

As lesões são causadas por traumas, principalmente nas regiões cervical e lombar. Podem ter origem em fraturas, no funcionamento deficitário do sistema circulatório, em infecções e lesões ósseas. Traumatismos medulares afetam muitas funções orgânicas, como controle muscular, controle esfincteriano, sensibilidade da pele, funções dos órgãos sexuais. Além das seqüelas físicas ligadas ao SNC, pode haver outras que afetem membros do corpo sem influência do SNC, como é o caso daquelas com origem muscular e ósseo-articular.

ORIGEM MUSCULAR

Há tipos de degeneração progressiva da musculatura, de origem genética ligada ao sexo. A forma mais comum é a denominada Distrofia Muscular de Duchenne, distúrbio recessivo ligado ao cromossomo X.

Distrofia Muscular Progressiva de Duchenne

A Distrofia Muscular Progressiva de Duchenne é uma deficiência raramente observada em meninas, que começa em torno dos 4 anos de idade e apresenta duas etapas claramente definidas: em um primeiro momento, surge um desequilíbrio da marcha que, aos poucos, se acentua, evoluindo para um desvio da coluna que agrava os transtornos posturais, levando ao uso da cadeira de rodas. Cabe salientar que a degeneração muscular começa nas partes distais dos membros em direção às proximais. Na segunda etapa da doença, a partir dos 10 anos, aproximadamente, a degeneração muscular se agrava e o adolescente deve ser auxiliado em todas as atividades, devido à perda da força. Em geral vão a óbito em torno dos 20 anos, por insuficiência respiratória.

ORIGEM ÓSSEO-ARTICULAR

As lesões ósseo-articulares afetam principalmente o tecido ósseo e/ou articular, podendo ocasionar seqüelas no aparato motor. Essas lesões podem ter origem antes ou durante o nascimento, as chamadas malformações congênitas, ou podem ser adquiridas ao longo da vida, como as amputações.

Malformações

As malformações congênitas podem ocorrer durante a gestação ou no momento do nascimento, variando desde a ausência da parte distal até a ausência total do membro afetado. A ausência do membro ou parte dele pode ser causada por toxicidade de medicamentos como a talidomida.

As drogas atingem diretamente o feto, e como seu fígado não produz as enzimas necessárias para eliminá-las, permanecem em seu organismo até o nascimento. É o que ocorre com antibióticos e certos remédios vendidos sem receita médica, como aspirina, vitaminas e antigripais, e narcóticos como heroína, cocaína, anfetaminas e maconha. A talidomida, que no final dos anos

1950 e início dos 1960 foi prescrita para evitar enjôos e como tranqüilizante, foi responsável pelo nascimento de muitas crianças com deformidades nos membros superiores (Gabbard, 2000).

Outra forma de malformação congênita é a rigidez articular, em que há calcificação de articulações, de tal forma que o indivíduo perde a mobilidade das áreas atingidas.

Amputação

A amputação é uma lesão ósseo-muscular adquirida, em geral, por algum trauma que afeta o sistema nervoso periférico, causa seqüelas graves e leva à necessidade da retirada do membro um pouco acima da lesão, como medida de segurança, para garantir a saúde do indivíduo.

O médico cirurgião deverá preservar a parte do membro restante, chamada de coto, para permitir a colocação de uma prótese. Isso só será possível se a parte estética e também a integridade vascular for preservada. Com o uso da prótese, o indivíduo poderá ter mais autonomia (O´Sullivan et al., 1983).

Níveis de Amputação

As amputações são classificadas conforme a altura da retirada do membro, o que não oferece, muitas vezes, definição objetiva da função exata do coto. Isso porque o mesmo procedimento cirúrgico, realizado na mesma altura do membro em diferentes pessoas, pode apresentar resultado eficaz para alguns, enquanto para outros não permitirá o mesmo desempenho motor nas estruturas remanescentes do membro. Dessa forma, ocorre que pessoas com condições motoras diferentes recebam a mesma classificação.

Uma boa forma de classificação é quanto à localização e resíduo do membro. A amputação pode ser total, quando o membro for amputado em toda sua extensão, ou parcial, quando apenas uma parte sofrer a intervenção. Quando parcial, será definida conforme a localização, podendo ser na parte inferior, média ou superior do membro.

Quando o indivíduo sofre uma amputação, ele permanece com a sensação desse membro. Membro fantasma é o nome dado a sensação e dor relacionados ao membro ausente. O primeiro caso é quando o amputado ainda sente o membro que já não tem e o segundo é um distúrbio que ocorre principalmente em pessoas que sofreram uma amputação traumática, caracterizado por uma dor aguda na região do membro retirado. Isso ocorre porque o ser humano possui, desde o nascimento, seu esquema corporal registrado no cérebro, o qual comandará os movimentos e sensações. Quando um indivíduo tem um membro amputado, permanecem gravados os registros dos movimentos daquele segmento do corpo, sem que o cérebro reconheça aquela ausência. É necessário um longo período, muitas vezes anos, para que o cérebro assimile a inexistência do membro amputado, deixando de mandar comandos a ele e permitindo a formação de um novo esquema corporal.

MOBILIDADE DOS INDIVÍDUOS COM DEFICIÊNCIA FÍSICA

Pessoas com deficiência física apresentam formas variadas de locomoção, indo desde o uso de aparelhos ou instrumentos que auxiliam na locomoção bípede até o deslocamento do corpo pelo chão, havendo mesmo casos de não-utilização de recursos que auxiliem na locomoção.

Quanto às locomoções com uso de recursos mecânicos, como a cadeira de rodas ou a prótese, três aspectos principais devem ser observados.

Habilidade motora para o uso do aparelho: quando impossibilitada de locomover-se utilizando os membros inferiores, a pessoa com deficiência física deverá ser capaz de usar seus membros superiores para a realização de movimentos, através da propulsão da cadeira de rodas. Necessitará aprender a utilizar a musculatura remanescente para manter o corpo em equilíbrio enquanto sentada. Além de usá-los para a estabilização e locomoção do corpo, o indivíduo utilizará os membros superiores para realizar mudanças de posição, como passar de uma cadeira para outra, da cadeira para o chão etc.

Os membros superiores são, portanto, utilizados para locomoção, estabilização e manipulação de objetos, o que pode acarretar uma sobrecarga. Conseqüentemente, o indivíduo deverá prevenir-se em relação a algumas patologias em decorrência dessa sobrecarga.

Desempenho motor: deverá ser realizado treinamento para desenvolver o desempenho das habilidades motoras com o aparelho.

> O treinamento do manejo da cadeira de rodas visa não apenas ao aprendizado e ao aperfeiçoamento de suas técnicas. Também promove ativação do sistema cardiovascular, melhora do equilíbrio sentado, estimulação da musculatura dorsal, da cintura escapular e da musculatura dos braços, assim como prepara o indivíduo para uma vida social, familiar e profissional mais independente, permitindo-lhe praticar um lazer ativo. (Souza, 1994, p. 59)

Ainda de acordo com esse autor, o treinamento para uso da cadeira de rodas deve contemplar: o manejo em diferentes direções, incluindo giros; a movimentação da cadeira nas ruas, onde deverá saber ultrapassar obstáculos; velocidade e resistência na locomoção; a elevação das rodas dianteiras e o equilíbrio somente nas rodas traseiras; a condução da cadeira com uma mão; a prática de esportes e brincadeiras utilizando a cadeira de rodas.

Orientação aos auxiliares: o cadeirante deverá ter conhecimento de como orientar as pessoas que o auxiliarão na sua locomoção. Quando uma pessoa na cadeira de rodas necessitar de ajuda para ultrapassar obstáculos, o ajudante deverá pegar na cadeira de rodas pela parte fixa. Se ele não souber como proceder, o cadeirante deverá ter condições de informar como auxiliar.

O USO DA PRÓTESE

Para que seja possível o uso da prótese, as pessoas precisam ter condições anatômicas, ou seja, devem ter o coto adequado para poder acoplá-la. Dessa forma, o indivíduo deverá escolher uma prótese que permita a sua melhor habilidade para locomoção. Em geral, as pessoas que usam apenas próteses não necessitam de auxílio para sua locomoção. Quando o indivíduo estiver apto ao uso da prótese, deverá passar por etapas até adquirir plena condição motora para seu uso.

Em primeiro lugar, deverá ter um coto forte para poder movimentar sua prótese. No caso de membros inferiores, será preciso um treinamento para readquirir o equilíbrio na forma bípede. Assim que tiver condições motoras, é necessário treinar para a aquisição de habilidades para os padrões motores básicos. Em seguida, o treinamento deverá ser realizado visando o desempenho motor adequado ao seu dia a dia e aos esportes.

Se o usuário da prótese estiver em fase de crescimento, o comprimento da prótese deve acompanhar o crescimento do indivíduo. Não havendo esse cuidado, o portador da prótese poderá ter desvios posturais, como a escoliose.

Pessoas impossibilitadas de usar prótese poderão utilizar um apoio, como a bengala Canadense ou outro tipo específico a sua necessidade. Também nesse caso, será útil um treinamento semelhante ao citado anteriormente, para o uso desse tipo de instrumento de locomoção.

Mesmo levando em conta todas essas informações, sempre que se desejar auxiliar uma pessoa que utiliza cadeira de rodas, apoios ou prótese, deve-se perguntar a ela se e como deseja ser auxiliada.

ORIENTAÇÕES METODOLÓGICAS

Alguns cuidados são necessários quando se trabalha com pessoas com deficiência física. Por serem diversas as causas e seqüelas motoras, os cuidados vão desde uma simples adaptação das atividades até a utilização de recursos sofisticados no auxílio de sua locomoção. Dessa forma, devemos observar a necessidade do indivíduo e orientá-lo adequadamente.

Algo para não ser esquecido, apesar de soar redundante, é o fato de que todas as pessoas, deficientes ou não, passarão pelas fases de bebê, criança, adolescente, jovem, adulto e idoso. Trate-as respeitando suas diferenças.

PESSOAS COM AMPUTAÇÃO

É recomendado que a pessoa com amputação fortaleça a musculatura do coto, pois esse reforço é necessário no uso de prótese. Exercícios que promovam o fortalecimento, como flexão e extensão, seja nas aulas de Educação Física, quando possível, ou dirigidos pelo fisioterapeuta, irão auxiliar na adaptação da prótese e fazer com que o amputado lide melhor com a dor fantasma e tenha melhor percepção e consciência da inexistência daquele membro.

A prótese dos membros inferiores deve ser regularmente ajustada, para garantir estabilidade ao corpo e evitar desvios posturais, principalmente para crianças e jovens.

Atividades que exijam equilíbrio são importantes para pessoas com amputação unilateral, pois sua base de apoio está modificada. É necessária uma reorganização do equilíbrio e reaprender a caminhar sem uma perna ou com o uso da prótese.

Atletismo, natação, voleibol e futebol são alguns esportes oficiais adaptados dos quais uma pessoa amputada pode participar. O professor deve explorar ao máximo essas possibilidades com os alunos, pois isso, além de promover seu bem-estar físico, proporciona um objetivo, uma meta a ser atingida.

O amputado preserva suas funções fisiológicas normais, sendo assim não precisa de cuidados específicos nesse aspecto.

PESSOAS COM DISTROFIA MUSCULAR

Pessoas com distrofias vão sofrendo a degeneração progressiva do tecido muscular, medular ou ósseo, muitas vezes de forma irreversível, não havendo tratamento nem atividade física para amenizar esse processo. No entanto, é possível auxiliar essas pessoas para que tenham uma melhor qualidade de vida.

Para elas, atividades físicas e recreativas em geral são indicadas enquanto houver possibilidade de realização.

Quando a musculatura está comprometida, os movimentos estabilizadores do corpo sofrem alterações. Para minimizar esses efeitos, os exercícios de estabilização são recomendados, como caminhadas e giros. Atividades realizadas na água podem auxiliar no estímulo respiratório e motor.

PESSOAS COM LESÃO NO SNC

Como visto anteriormente, lesões no SNC podem ter sido causadas por Pc ou por traumatismo crânio-encefálico, afetando o sistema motor e sensorial. Tem-se como conseqüência desde a afasia até comportamento social e emocional alterados, ocorrendo distúrbios nos movimentos.

Levando-se em conta a maneira como essas lesões afetam os indivíduos, todas as atividades recreativas e esportivas possíveis e adaptáveis devem ser oferecidas, sendo indicadas aquelas de consciência corporal, em que são trabalhadas as dimensões espaciais do corpo, a lateralidade, a discriminação esquerda/direita e a dominância lateral.

A criança e o jovem com PC devem ter sua consciência corporal estimulada, inclusive no nível da cinesfera. Brincadeiras que exploram direções e orientação espacial são indicadas para o desenvolvimento pleno da consciência corporal. Através do esporte e da recreação pode-se conseguir respostas motoras surpreendentes.

Como as lesões podem comprometer o sistema corporal, é de suma importância trabalhar com tarefas que estimulem o desenvolvimento da consciência corporal, como aquelas que envolvem discriminação entre esquerda e direita, dominância lateral, consciência das partes do corpo, orientação espacial, direcionalidade e percepção do próprio controle motor. Essas pessoas podem apresentar facilmente perda de equilíbrio, portanto, atividades que desenvolvam essa habilidade devem ser amplamente utilizadas.

Atividades de motricidade ampla têm resultados melhores do que as de exigência da motricidade fina, embora devamos utilizar todas.

As tarefas relacionadas à imagem corporal, percepção sensitiva e cognitiva do corpo também são indicadas.

Atividades aquáticas são de grande valia para as crianças com PC, pois nesse meio podem encontrar autonomia na locomoção, não necessitando cadeira de rodas, muletas ou apoios, que serão substituídos por materiais de ensino-aprendizagem, como flutuadores e pranchas.

O indivíduo com PC apresenta, muitas vezes, comprometimento da fala, o que pode acarretar uma comunicação truncada, que exige paciência do profissional para lidar com esse público.

Espaços físicos amplos e seguros, como forma de prevenção de possíveis acidentes, são aconselhados para atividades com crianças com lesão cerebral ou com paralisia cerebral.

As lesões do SNC podem ter origem medular, tais como seqüelas de poliomielite, lesões na medula cervical, lesões torácicas, dentre outras. Dependendo do acometimento acarretado pela doença, pessoas com seqüelas de poliomielite podem realizar exercícios, com o objetivo de quebrar as tensões, explorar e desenvolver o esquema corporal, melhorando o sedentarismo e amenizando as seqüelas secundárias.

Existem variadas atividades esportivas adequadas à pessoa com paraplegia, cadeirante ou não, como o basquete em cadeira de rodas e a natação.

Para os paraplégicos também são recomendadas atividades de alongamento de toda a musculatura, mesmo da afetada, observando-se a limitação da mesma. Os exercícios de reforço muscular são indicados para essa população, já que os músculos superiores são sobrecarregados durante a locomoção com cadeira de rodas, com a transferência de função dos membros inferiores para os superiores. O reforço da musculatura do tronco é importante para que o indivíduo paraplégico possa usar a musculatura remanescente na estabilização do corpo, por isso atividades de equilíbrio do tronco, como pegar uma bola afastada do corpo, são importantes.

Os tetraplégicos, obviamente, apresentam grandes limitações para a realização de atividades físicas, pois os quatro membros estão comprometidos. No entanto, quando auxiliados, podem realizá-las. Por exemplo, atividades na água usando flutuadores nos membros e atividades recreativas como boliche, utilizando a cabeça para movimentar a bola.

O profissional de Educação Física, além de preparar as atividades e ministrá-las aos alunos, tem a responsabilidade de auxiliá-los no cuidado do corpo, principalmente em relação aos membros sem sensibilidade e movimento. Por exemplo, se a perna do aluno se deslocar do apoio da cadeira de rodas, o professor deverá alertá-lo, pois o aluno não sente e não movimenta aquele membro, podendo bater o pé e até mesmo machucá-lo, sem manifestar sensação alguma. O professor deverá também estar atento às feridas, chamadas escaras, causadas pelo contato excessivo do corpo com estruturas sólidas. Os alunos que apresentarem esse tipo de ferimento devem usar proteção na região afetada e, eventualmente, não poderão realizar as aulas de Educação Física.

Nos casos em que o aluno tem haste na coluna, o instrutor deverá ter enorme cuidado nos movimentos que exijam flexão, extensão e rotação do tronco, impactos nas costas e quedas.

Com cadeirantes, explore todos os movimentos possíveis, como giros, empinagem, recepção de bolas de diferentes alturas e distâncias. Use as técnicas de orientação do aluno para auxiliá-lo na sua mobilidade.

A orientação do profissional para que os alunos evitem impactos violentos durante as atividades deverá ser feita sempre, principalmente nos jogos de competição. Por outro lado, o professor deverá explorar a criatividade. Quanto mais diversificação dos jogos, mais habilidade a criança terá.

Não espere que um cadeirante recém-chegado ao grupo faça tudo aquilo que é proposto em apenas um dia. Muitas vezes ele tem receios, e é necessário que perceba que tem o apoio do professor.

A maior dificuldade que o cadeirante enfrenta nos primeiros dias de atividade física é o medo de cair. Muitas vezes, seu traumatismo advém de uma queda, o que ocasiona resistência para a realização de atividades vigorosas.

Tendo isso em mente, inicie exigindo o que ele certamente conseguirá realizar, e aumente o grau de exigência gradativamente. Depois que estiver bem treinado, certamente ele se sentirá mais seguro para superar as dificuldades que possa encontrar. Por exemplo, se acontecer uma queda, estará preparado para não considerá-la grave, conseguindo subir na cadeira de rodas com bastante habilidade.

Nas aulas, oriente seu aluno sobre como cair e levantar corretamente. Muitas vezes esse é o seu maior medo, o que pode inibi-lo no momento de realizar as tarefas propostas.

Uma criança com deficiência física congênita irá desenvolver padrões motores básicos e específicos, de acordo com sua capacidade motora. Muitas vezes, por si só ela descobrirá um vocabulário específico que lhe dará a autonomia necessária para uma vida plena, desde que ela tenha a liberdade para criar seu próprio repertório de movimentos a partir de suas limitações. Se as pessoas de seu convívio aceitarem-na tal qual é, ao mesmo tempo em que a estimularem para que realize as mesmas coisas que outras crianças, ainda que à sua maneira, do seu jeito de caminhar, do seu jeito de correr e de saltar, ela se sentirá capaz de realizar as tarefas motoras, apesar de seu comprometimento. Em decorrência, terá uma auto-aceitação muito maior, que se refletirá nas suas conquistas futuras.

PARTE II

INTRODUÇÃO

O direito de brincar deve ser assegurado a crianças e jovens, independente de raça, gênero, nível socioeconômico, de habilidade motora, comunicação, inteligência e capacidade perceptiva. Não obstante, devemos proporcionar o reconhecimento dessas alteridades para legitimar uma identidade cultural do lazer esportivo desses indivíduos. Para tanto, a capacitação de profissionais é de suma importância na criação de estratégias que levem a termo a efetividade desse direito.

Brincar é criar, tomar iniciativas. É aprender regras e limites para que o jogo funcione. Através do jogo, a criança descobre valores, aprende a conviver sem gritar e brigar. Ganha auto-estima e confiança, pois se sente capaz de participar. Desenvolve a concentração, a coordenação e a habilidade motora. Dá asas à imaginação e à fantasia.

Nos últimos anos, a Educação Física parece ter proporcionado um novo foco de debate entre pesquisadores da área. Acreditamos que essas discussões surgiram em decorrência da importância que a atividade motora adquiriu na área da saúde, na qual o movimento está sendo analisado no contexto da qualidade de vida e não apenas como objeto da performance motora. De forma mais específica, a atividade motora adaptada envolve tanto a pessoa com paraplegia, que utiliza a cadeira de rodas para locomoção, quanto um indivíduo surdo que não possui comprometimento em seu aparato motor, ou uma pessoa que se orienta apenas pelo som e pelo tato, sem o uso da visão. Através de jogos adaptados, podemos atender também idosos, cardíacos, diabéticos etc. Entretanto, estes últimos casos não serão abordados neste livro.

O professor de Educação Física deverá estar atento à metodologia adotada, que deve corresponder à necessidade de crianças e jovens envolvidos, sejam eles com ou sem deficiência, em situação de inclusão ou em grupos específicos.

O método indicado na educação de crianças e jovens será aquele que leva em consideração a hibridicidade do ser humano, pois crianças e adolescentes se originam de diferentes microsistemas. A metodologia é elaborada de acordo com os aspectos comportamentais, de ensino-aprendizagem e também pelo desenvolvimento socioafetivo dos alunos.

No que se refere ao comportamento, crianças e adolescentes são educados em diferentes ambientes, por isso, o professor deverá analisar individualmente as atitudes de cada aluno, para então propor atividades adequadas à especificidade de cada grupo. Os jogos não devem ser organizados de maneira rigorosa, mas como uma proposta que poderá ser alterada conforme a necessidade do grupo, levando sempre em consideração a criatividade, a habilidade e a sociabilidade das crianças e jovens envolvidos.

Nessa perspectiva, o ensino-aprendizagem dos jogos dependerá das metas que serão traçadas pelo professor de Educação Física. Este deverá ter claro qual é seu objetivo e adotar um planejamento sistemático, mas não inflexível, dos passos a serem dados em direção ao ensino-aprendizagem. A metodologia indicada na iniciação de jogos para crianças e jovens, com deficiência ou não, deve respeitar as etapas do desenvolvimento. A seguir, o Quadro 7 com sugestões de pontos a serem desenvolvidos para o ensino-aprendizagem.

Quadro 7 – Proposições para o ensino-aprendizagem

Etapas	Proposições	Exemplos
Habilidades básicas	Jogos simples com movimentos locomotores, manipulativos e estabilizantes.	Desenvolvimento dos padrões motores básicos: correr, saltar, arremessar, receber, rolar, chutar, quicar uma bola e outros.[1]
Habilidades de transição	Fazer com que as crianças e adolescentes executem os jogos conforme regras prestabelecidas, utilizando-se de combinações dos padrões básicos do movimento.	Jogos com combinações de movimentos básicos, poucas regras, com combinações mais complexas dos movimentos e jogos com muitas regras estabelecidas pelo grupo ou pelo professor.
Habilidades específicas	Jogos com novos padrões motores específicos e regras oficiais (confederados).	Ensino-aprendizagem das táticas de jogo, como handebol, voleibol, entre outros.

Segundo Gallahue e Ozmun (1998), a criança, em geral, deverá desenvolver os padrões básicos de movimento em torno dos 7 anos de idade. Ela deverá usar movimentos de locomoção, estabilização e manipulação adequadamente. As crianças com deficiência podem apresentar comprometimento ou retar-

[1] Para as crianças com deficiência motora congênita, muitas vezes esses movimentos serão diferenciados. Elas desenvolverão movimentos de locomoção, estabilização e manipulação de objetos conforme suas possibilidades corporais.

do no desenvolvimento motor, e por isso terá de ser estimulada precocemente, desde os primeiros dias de vida. Se isso ocorrer, as habilidades básicas serão preservadas. Não se trata, necessariamente, de locomoção bípede, equilíbrio "perfeito" do corpo ou manipulação com controle motor apurado, mas padrões motores que possam dar autonomia básica para brincar e jogar.

Após a criança desenvolver as habilidades básicas, ela estará apta a iniciar a combinação de movimentos para o desempenho de jogos. Conseqüentemente, deverá aprender a respeitar e cumprir as regras dos jogos propostos. Quanto mais os alunos aprenderem variações de jogos, ou novos jogos, mais terão a possibilidade de ampliar seu repertório de combinação de movimentos e o entendimento de regras.

As habilidades específicas são conseqüência das etapas anteriores: será difícil para o aluno aprender um desporto olímpico ou paraolímpico se não obtiver sucesso nas etapas anteriores.

As habilidades descritas anteriormente serão facilitadas quando o aluno tiver um bom autoconceito. Dessa maneira, o professor deverá estar atento ao comportamento sócio-afetivo de cada criança e jovem, pois eles reagem emocionalmente de maneira diferenciada às tarefas solicitadas. Essa reação está relacionada ao grau de auto-estima do indivíduo.

Um indivíduo faz sua auto-avaliação a partir de outras pessoas e em diferentes áreas, de forma específica. Auto-avaliações a partir de si mesmo em uma determinada área, como habilidade física ou social, habilidade acadêmica e aparência física, recebem denominações tais como auto-imagem, autoconceito ou autoconfiança. A auto-estima é a avaliação feita sobre o valor pessoal, a própria capacidade e o sucesso alcançado (Haywood e Getchell, 2004).

Para que o aluno com deficiência tenha um autoconceito positivo, deverá sentir-se pertencente ao grupo, não apenas "fazendo parte" dele. Ele terá que ser valorizado e reconhecido pelos colegas, professores e por si próprio como sendo um sujeito integrante do grupo. Entretanto, deverá aceitar as regras, assim como o grupo precisa aceitar as limitações de cada colega e do conjunto, sem, contudo, deixar de tentar vencer as dificuldades. Segundo Haywood e Getchell (2004, p. 249), "A auto-estima influencia a participação em esportes e atividades físicas, bem como o domínio de habilidades. Ela se torna mais precisa à medida que a pessoa envelhece".

Os jogos que serão apresentados na segunda parte desse livro são atividades recreativas desenvolvidas em aulas de Educação Física das escolas de ensino infantil, fundamental e médio. Estes jogos apresentarão adaptações indicadas aos alunos surdos, cegos, com deficiência mental e com deficiência física, quando em situação de inclusão ou em grupos específicos.[2]

[2] Os grupos específicos se referem a turmas com crianças e/ou jovens com deficiências similares.

CAPÍTULO 6

JOGOS PARA CRIANÇAS E JOVENS SURDOS

Os jogos relacionados a seguir, comumente utilizados nas escolas regulares em aulas de Educação Física, sofreram adaptações necessárias para atender as diferenças existentes de abstração do jogo. Podem ser utilizados tanto por grupos de alunos surdos como também em situação de inclusão. Ao utilizarmos atividades de inclusão para crianças e jovens surdos, devemos sempre utilizar a língua de sinais e muita informação visual nas explicações dos jogos. O professor deverá intermediar a comunicação entre o aluno surdo e os colegas ouvintes.

A aula também poderá contar com a presença de um intérprete. Nesse caso, caberá a ele a tradução. É importante que o professor aprenda a usar a LIBRAS, mas enquanto não fizer o curso, ele deverá cuidar de aspectos importantes, como, por exemplo, nunca ficar de costas para o aluno; sempre se posicionar no seu campo visual, sem, no entanto, demonstrar prioridade ou exclusividade a ele; falar normalmente, mas não muito rápido; incentivar sua participação ativa nos jogos e pedir que, a cada dia, ele ensine alguns sinais para seus colegas e ao professor. Desta forma, em um ano todos aprenderão, brincando, um novo idioma.

URSO PANDA

Número de Participantes: livre.
Material Necessário: nenhum.
Local: quadra ou sala.
Formação dos Alunos: em círculo.
Descrição do Jogo: Será previamente combinada uma seqüência de sinais: as duas mãos fechadas, uma na frente da outra, tocando o nariz, imitando a tromba de um elefante, indicarão o primeiro sinal; no segundo sinal, as mãos se posicionarão em concha sobre as orelhas; e no terceiro, as mãos estarão espalmadas sobre as coxas, com as pernas semiflexionadas. O professor escolhe um aluno que iniciará a brincadeira fazendo o primeiro sinal para o colega ao lado, que fará o segundo sinal para o próximo do círculo que, por sua vez, fará o terceiro sinal para aquele ao seu lado. Este fará o primeiro sinal ao colega ao seu lado, e assim sucessivamente. A seqüência dos sinais deve ser mantida, ficando agachado no círculo aquele que errar. A escolha do lado pelo qual começará a brincadeira (esquerdo ou direito) será feita pelo aluno que iniciar a sucessão de sinais.

Variável: A seqüência poderá ser interrompida. Por exemplo, o aluno que deveria fazer o segundo sinal para a direita pode inverter a ordem, fazendo-o para o colega da esquerda que, em vez de fazer o primeiro sinal, deverá fazer o terceiro.

FUTEBOL DIFERENTE

Número de Participantes: equipes de 5 a 7 alunos.
Material Necessário: 2 bolas de cores diferentes (preferencialmente grandes), coletes ou camisetas para identificação das equipes, uma bandeira sinalizadora (vermelha).
Local: quadra de aproximadamente 18 m x 9 m.
Formação dos Alunos: os alunos se dividirão em equipes (preferencialmente com o mesmo número de alunos), e estas se posicionarão sentadas dentro da sua meia quadra até a autorização para o início do jogo.
Descrição do Jogo: Em uma quadra de aproximadamente 18 m x 9 m colocam-se duas equipes de 5 a 7 participantes cada. As equipes se posicionam cada uma em meia quadra, com seus participantes sentados durante todo o tempo do jogo, que terá início após a autorização do professor. Qualquer intervenção e/ou autorização de início e final da partida será feita pelo professor, com uma bandeira vermelha sustentada para o alto. Os jogadores podem movimentar-se na posição 4 apoios, mas a impulsão da bola deverá ser efetuada com os pés, somente quando estiverem sentados. Não é permitido levantar-se para jogar, não é permitido empurrar e/ou chutar o colega de outra equipe, não será sinalizado arremesso lateral ou escanteio. Após o gol, o jogo é reiniciado do próprio goleiro onde foi feito o gol, e pela equipe que o sofreu. Quando houver transgressão das regras, a equipe infratora será penalizada com uma falta que poderá ser cobrada diretamente ao gol. Vence a equipe que fizer mais gols.
Variável: Quando tiver mais jogadores em cada equipe, a quadra poderá ser a de futsal, e a partida poderá ser disputada com 2 bolas em jogo, de cores diferentes. A equipe "A" joga com a bola azul e com ela tenta fazer gol na equipe "B"; a equipe "B" joga com a bola vermelha e com ela tenta fazer gol na equipe "A", defendendo-se sempre da bola do time adversário.

MARIA-MOLE

Número de Participantes livre.
Material Necessário: nenhum.
Local: quadra.
Formação dos Alunos: em grupos de 5.
Descrição do Jogo: Em grupos de cinco alunos, um dos jogadores é escolhido para representar a "Maria-Mole". Os restantes são dispostos em volta deste, posicionando-se um à frente, um atrás, um do lado direito e outro do lado esquerdo. Dado o sinal de início, a "Maria-Mole", com os pés fixos ao chão, deixa-se cair sobre os jogadores, que deverão segurá-la, impulsionando-a de volta ao lugar. Aquele que não conseguir segurá-la será a nova "Maria-Mole", e o jogo se repete. A explicação deve ser na língua de sinais, e o início será sinalizado com uma bandeira colorida.

ROUBAR O RABO DO DRAGÃO

Número de Participantes: livre.
Material Necessário: nenhum.
Local: quadra.
Formação dos Alunos: uma coluna e um aluno de frente para ela.
Descrição do Jogo: O aluno que estiver posicionado de frente para a coluna deverá tentar pegar o último da fila, que terá um rabo feito de jornal (o rabo do dragão); o primeiro da coluna deverá tentar impedir através de movimentos que serão acompanhados pelos demais (o corpo do dragão). Finaliza a brincadeira quando o pegador conseguir tocar no rabo do dragão.
Variável: Duas colunas, uma de frente para a outra, tentarão, de forma simultânea, pegar o rabo do dragão da coluna adversária. Vence a equipe que conseguir pegar primeiro o rabo do dragão.

COMO CHEGAR AO REI LEÃO

Número de Participantes: livre.
Material Necessário: nenhum.
Local: quadra.
Formação dos Alunos: em fileira, na linha de fundo da quadra.
Descrição do Jogo: Do grupo, um aluno será escolhido para ser o "Rei Leão", devendo os outros posicionarem-se em fileira ao fundo da quadra, de frente para ele, que estará no outro extremo. Os alunos, um de cada vez, da direita para a esquerda, deverão pedir: "Rei Leão, como faço para te alcançar?" O Rei responderá quantos passos o aluno deverá dar e que animal deverá imitar, até que todos cheguem a ele.
Os alunos deverão usar a língua de sinais para perguntar ao "Rei Leão" quantos passos eles podem dar, e a resposta será também na língua de sinais. Da mesma forma, a explicação da brincadeira deve ser na língua de sinais.
Variável: Para retardar a chegada, o "Rei Leão" poderá acrescentar movimentos de direcionalidade, tais como frente, trás, direita e esquerda.

FUTSAL DE 4 GOLEIRAS

Número de Participantes: 16.
Material Necessário: 8 cones, 8 coletes, 2 bandeiras com cores diferentes.
Local: ginásio, preferencialmente quadra de futsal.
Formação dos Alunos: 2 equipes com 8 jogadores cada.
Descrição do Jogo: A atividade será realizada em uma quadra de futsal, onde não serão utilizadas as goleiras e, sim, 8 cones com os quais serão montadas 4 goleiras nos cantos da quadra. Os alunos serão divididos em duas equipes de 8 integrantes cada, devendo marcar gol em 2 goleirinhas, previamente designadas para as equipes. Vence o time que fizer mais gols. As regras são as mesmas do futsal. A explicação deve ser na língua de sinais. O professor deverá usar duas bandeiras: uma verde e outra vermelha. Quando ocorrer falta, o professor levantará a bandeira vermelha. Para sinalizar início e término de jogo, usará a verde.
Obs.: Pode ser jogado com ou sem goleiro.

O CHAPÉU É MEU

Número de Participantes: livre.
Material Necessário: chapéus feitos de jornal e uma bandeira colorida.
Local: quadra de esportes.
Formação dos Alunos: 2 fileiras iguais, frente a frente.
Descrição do Jogo: Os alunos confeccionarão os chapéus de jornal para usarem durante o jogo.Os jogadores são divididos em dois grupos iguais e dispostos em duas fileiras, frente a frente. No chão, entre eles, coloca-se uma série de chapéus, sendo um para cada par de participantes. Dado o sinal (com a bandeira), os jogadores precipitam-se para os chapéus, pondo na cabeça o que conseguir pegar. Cada jogador pode tomar um só chapéu, não valendo arrancá-lo da cabeça dos adversários. Vence o lado que se apoderar do maior número de chapéus e retornar para a sua fileira o mais rápido possível. A comunicação deverá ser visual, a bandeira colorida sinalizando a largada.

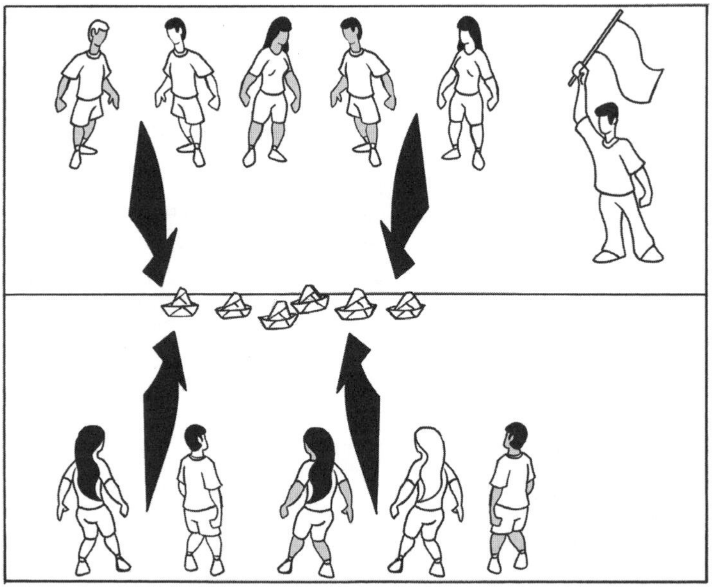

JOGO DO SIRI

Número de Participantes: 16.
Material Necessário: 1 bola de handebol, 2 goleiras pequenas (ou cones demarcando as goleiras), 1 bandeira amarela e 1 bandeira vermelha, coletes coloridos.
Local: quadra de vôlei ou quadra reduzida.
Formação dos Alunos: 1 goleiro, 2 zagueiros, 1 meio de campo, 2 atacantes e 2 reservas.
Descrição do Jogo: As equipes se colocam sentadas. Para a locomoção será utilizada a posição de siri (4 apoios, de costas), com o quadril erguido do chão com o auxílio das mãos. A bola será transportada no colo, sendo arremessada com uma das mãos para efetuar o passe ou para a finalização do gol, podendo ser "roubada" do adversário. Vence a equipe que fizer mais gols. Caso a bola caia do colo de quem a está transportando, o juiz interrompe o jogo para recomeçá-lo com uma nova jogada, com a posse de bola da equipe adversária. O mesmo ocorre nas jogadas irregulares, que são as batidas, os pontapés e os empurrões propositais nos adversários. A bandeira vermelha será utilizada para iniciar e finalizar o jogo, assim como para marcar e autorizar a cobrança de pênaltis; a bandeira amarela sinalizará as marcações de faltas, tiros de meta, escanteios e jogadas irregulares. É recomendado que participem dois árbitros, um em cada lateral da quadra, cada um responsável por uma cor de bandeira.

JOGO DA TORRE

Número de Participantes: 16.
Material Necessário: 1 bola de vôlei, 10 coletes.
Local: quadra de futsal ou qualquer espaço que possa ser delimitado.
Formação dos Alunos: 2 equipes de 8 jogadores cada.
Descrição do Jogo: A turma será dividida em 2 equipes, uma delas identificada com os jalecos, com 8 jogadores cada, um deles na goleira ou em um espaço delimitado no fundo da quadra (a torre). O início do jogo se dá quando o professor joga a bola para o alto, ocorrendo a disputa entre as equipes para a posse da bola. As equipes terão como objetivo entregar a bola nas mãos do jogador da sua equipe que estiver posicionado na goleira ou na área restrita, ou seja, a torre. Para tanto, deverão avançar trocando passes de bola, enquanto a equipe adversária tentará interceptar suas ações e, quando de posse da bola, deverá também buscar o mesmo objetivo de entregar a bola a sua torre, atrás da linha de fundo da quadra. A bola poderá ser arremessada à torre, desde que o jogador que faz o arremesso esteja posicionado na sua metade da quadra. Vence a equipe que fizer mais pontos, marcados quando a torre recebe a bola.

PASSA A CORDA

Número de Participantes: livre.
Material Necessário: cordas.
Local: quadra.
Formação dos Alunos: 2 integrantes nas laterais, os demais dispostos na quadra.
Descrição do Jogo: Dois alunos dispostos frente a frente, nas laterais da quadra, seguram cada um uma das extremidades da corda. Estes alunos estarão em constante deslocamento ao longo da quadra (sempre pelas laterais), alterando a altura da corda. Os demais alunos deverão escapar da corda, pulando ou abaixando-se. Aqueles que forem tocados pela corda deverão permanecer nas laterais da quadra.
Variável: A brincadeira pode ser realizada com duas cordas em posições opostas (uma alta, na altura da cintura e outra baixa, rente ao chão). Os alunos deverão se defender, ora pulando e ora abaixando-se. Vence o aluno que restar na quadra sem ter sido tocado pela corda.

DIA E NOITE

Número de Participantes: 20.
Material Necessário: nenhum.
Local: quadra.
Formação dos Alunos: 2 fileiras.
Descrição do Jogo: Duas equipes, uma denominada "dia" e outra, "noite", se posicionarão frente a frente em lados opostos de uma linha previamente demarcada. Quando o professor sinalizar "dia", a equipe correspondente foge da equipe "noite", e vice-versa, devendo correr e cruzar uma outra linha demarcada para salvar-se. Aqueles que forem pegos passam a ser da equipe adversária, vencendo o grupo que tiver mais componentes ao término da atividade.

OLHA O CHAPÉU!

Número de Participantes: no mínimo 10.
Material Necessário: 2 chapéus de jornal.
Local: área livre (espaçosa).
Formação dos Alunos: Dois grupos bem distantes, em círculos, cujos componentes estarão de cócoras. Um participante de cada grupo ficará de pé, com o chapéu na cabeça.
Descrição do Jogo: Os alunos confeccionarão, com a ajuda do professor, os chapéus de jornal. Dois grupos separados (bem distantes) estarão de cócoras formando um círculo, enquanto dois alunos (um de cada grupo) ficarão andando ao redor do círculo, com o chapéu na cabeça. Ao sinal do professor, o aluno colocará o chapéu na cabeça de qualquer participante, que deverá correr para pegá-lo. O aluno que estava com o chapéu fugirá o mais rápido possível e sentará no outro círculo. Caso o aluno seja pego, permanecerá com o chapéu.
Variável: A turma pode ser dividida em mais grupos, dependendo do número de alunos, sendo que os alunos que fogem deverão ir para o grupo posicionado à direita do seu.

JOGO DOS CARTÕES

Número de Participantes: livre.
Material Necessário: cartões coloridos e bola.
Local: quadra, pátio ou sala de aula.
Formação dos Alunos: círculo.
Descrição do Jogo: Os alunos ficarão em círculo passando a bola, atentos aos cartões que serão mostrados pelo professor. Estes cartões terão códigos previamente combinados: amarelo sinaliza o arremesso da bola para qualquer colega; vermelho significa que se deve quicar a bola e passá-la; ao ser mostrado o cartão azul, o arremesso da bola deverá ser feito para um menino; e o cartão rosa indica o passe da bola para uma menina. Quem errar deverá permanecer agachado e não receberá mais a bola. Quando restarem somente dois elementos no círculo e o cartão respectivo ao sexo for mostrado, o aluno deverá jogar a bola para o companheiro seguindo a regra ou, se for o único do sexo indicado, deverá permanecer jogando-a para cima até mudar o sinal.
Variável: Pode-se também utilizar outros cartões com outros códigos. Por exemplo, verde para mudar o sentido da bola.

ZOOLÓGICO

Número de Participantes: livre.
Material Necessário: fichas com desenhos de animais.
Local: sala.
Formação dos Alunos: semicírculo.
Descrição do Jogo: Cada aluno receberá uma ficha com a figura de um animal, devendo representá-lo no centro do círculo para o grande grupo. Os animais sempre formarão um par, como no jogo da memória. A função do grande grupo é descobrir qual animal está sendo imitado. Se no círculo houver um participante que julga ser também o animal que está sendo representado, irá ao seu encontro no centro do círculo, enquanto os demais tentarão identificar qual animal está sendo representado. A identificação será feita através da língua de sinais ou do alfabeto datilológico.
Variável: Após a identificação dos animais, os alunos trocam de lugar no círculo. Um aluno será escolhido para dizer quais animais foram interpretados e por quem, formando o par. Exemplo: o aluno dirá que João e Pedro imitaram o gato, Paulo e Joana, o elefante, assim sucessivamente. Aquele que errar voltará para o círculo novamente, e o número de pares identificados é anotado. Vence o aluno que conseguir identificar o maior número de pares.

CEIFADEIRA

Número de Participantes: livre.
Material Necessário: corda e bolas.
Local: quadra.
Formação dos Alunos: coluna, com 2 alunos separados.
Descrição do Jogo: Dois alunos estarão trilhando a corda, enquanto os demais participantes, dispostos em uma coluna, deverão passar por baixo da corda, numa rápida sucessão para que a corda não complete a volta, batendo no chão sem que alguém tenha passado sob ela. A cada passada por baixo da corda será feita a contagem. Se alguém for tocado pela corda, ou alguém não conseguir passá-la, a contagem é zerada e recomeça. O objetivo do jogo é que ele tenha seqüência sem intercalar participantes, fazendo com que cada aluno passe duas vezes sob a corda. Por exemplo, se tiverem 10 participantes o professor deverá contar 20 passagens sob a corda, atingindo o desafio proposto.
Variável 1: Cada aluno terá uma bola. Os participantes deverão ultrapassar a corda, sem tocá-la, conduzindo a bola, quicando ou chutando, com o mesmo propósito descrito acima.
Variável 2: O professor retira algumas bolas do jogo. Alguns ficarão sem a bola, enquanto aqueles que a tiverem a conduzirão sob a corda, devendo arremessá-la para o próximo colega que não estiver portando uma. O professor irá gradualmente retirando bolas do jogo, aumentando o grau de dificuldade.

TE LIGA!

Número de Participantes: livre.
Material Necessário: nenhum.
Local: quadra.
Formação dos Alunos: um ao lado do outro, ou em círculo.
Descrição do Jogo: Será feita uma combinação prévia de códigos que serão utilizados na atividade. Por exemplo, o número 1 significará *pular para a frente*; o 2 indicará *pular para trás*; ao ser sinalizado o 3, os participantes deverão *pular à direita;* e o número 4 indicará *pular para a esquerda*. Um aluno escolhido pelo professor deverá comandar o jogo, enquanto os demais obedecerão aos comandos dados, movimentando-se de acordo com a ordem recebida. Quando for sinalizado *"1"*, todos deverão pular para frente; *"3"*, o movimento será pulo à direita, e assim por diante. Quando o aluno movimentar-se fora do tempo ou de forma incorreta, deverá ficar ao lado do colega que está no comando, não obedecendo às ordens dadas para, desta forma, confundir os colegas.

PARE!

Número de Participantes: livre.
Material Necessário: 1 bola.
Local: quadra.
Formação dos Alunos: fileira.
Descrição do Jogo: O professor deverá definir um nome de animal para cada integrante do grupo, que estará disposto em uma fileira. Um aluno, escolhido pelo professor, ficará na frente da fileira. Ele sinalizará um bicho e jogará a bola para cima. Aquele ao qual corresponder o animal anunciado deverá rapidamente pegar a bola, fazendo um sinal previamente combinado (pode ser erguer a bola acima da cabeça, segurando-a com as duas mãos) que significará "PARE!!". Ao sinal dado, os demais param de correr, e aquele que está com a bola tentará acertar o mais próximo. Aquele que for atingido será o próximo a comandar o jogo.

PEGA-PEGA NA LINHA

Número de Participantes: livre.
Material Necessário: nenhum.
Local: quadra.
Formação dos Alunos: dispersos na quadra, sobre as linhas.
Descrição do Jogo: É escolhido um pegador que deverá pegar os outros, que estarão dispersos pela quadra. O pegador estará segurando uma bola. Os participantes deverão correr sobre as linhas da quadra ou desenhadas com giz, inclusive o pegador. O objetivo do jogo é pegar alguém, tocando com a bola, sem arremessá-la. No momento em que o pegador tocar em outro participante, este se tornará o pegador, e assim sucessivamente.
Variável: O professor poderá introduzir no jogo mais bolas, dificultando a fuga.

PEGA VERMELHO, SALVA VERDE!

Número de Participantes: livre.
Material Necessário: 2 bolas coloridas, uma bandeira.
Local: quadra.
Formação dos Alunos: dispersos na quadra.
Descrição do Jogo: Um aluno previamente escolhido será o "pegador", segurando uma bola vermelha; outro aluno, segurando a bola verde, será o "salvador", enquanto os demais estarão dispersos em uma área definida previamente. Ao início do jogo, sinalizado com uma bandeira vermelha, o "pegador" deverá tentar tocar com a bola em outra pessoa, inclusive no salvador. Se o salvador for pego, deverá arremessar a bola para outro integrante do grupo, que passará a ser o salvador. Aquele que foi tocado pela bola, deverá parar e assim permanecer, com os braços elevados acima da cabeça, até que o "salvador" toque-o com a bola verde; então, o aluno que foi salvo passará a ser o "salvador", segurando a bola verde. O "pegador" só trocará de posição quando capturar o terceiro integrante consecutivamente, sem que sejam salvos, passando a bola vermelha para o último capturado.

CAPTURE O DA DIREITA!

Número de Participantes: livre.
Material Necessário: nenhum.
Local: quadra.
Formação dos Alunos: em círculo.
Descrição do Jogo: Será formado um círculo de frente para o centro, com um integrante caminhando por fora, que será o pegador. Em um dado momento, o pegador deverá sentar atrás de um participante, que deverá tentar pegar aquele sentado à sua direita no círculo; este deverá fugir correndo ao redor do círculo até sentar no seu lugar novamente, quando então estará a salvo. Se for apanhado, deverá tentar pegar o que lhe pegou. Assim sucessivamente, até alguém conseguir sentar no lugar livre. Aquele que definirá um novo pegador será o que não conseguiu se salvar.
Variável: O professor poderá definir que o pegador deverá capturar a primeira menina da direita, ou o segundo integrante da direita e assim por diante.

CABEÇABOL

Número de Participantes: 10.
Material Necessário: 1 bola e coletes.
Local: quadra de futsal (ou similar).
Formação dos Alunos: Duas equipes com coletes diferentes, dispersos numa quadra de futsal.
Descrição do Jogo: Os jogadores deverão passar a bola com as mãos entre si, com o objetivo de fazer gols de cabeça. Os jogadores não poderão entrar na área do gol da quadra de futsal, nem quicar ou caminhar segurando a bola. Vence o grupo que fizer mais gols de cabeça. Não é necessário um goleiro.
Variável: para aumentar o grau de dificuldade, posiciona-se um goleiro na área de gol.

CAPÍTULO 7

JOGOS PARA CRIANÇAS E JOVENS CEGOS OU COM BAIXA VISÃO

Para nós que enxergamos, muitas vezes fica difícil ou mesmo impossível perceber e interpretar um mundo sem referências visuais. Mundo construído através de formas, texturas, gostos, cheiros, sons e movimentos. O professor de Educação Física deverá desenvolver a sensibilidade de interpretar essa forma de percepção. Nesse sentido, as propostas de aula devem contemplar variadas experiências motoras a essas crianças e jovens. Apresentando ativamente um leque de possibilidades corporais, desde os movimentos de esforço com qualidades variadas, como intensos e suaves, rápidos e lentos, até os movimentos combinados dos padrões específicos de tarefas esportivas.

Quando o aluno estiver em uma turma numa situação de inclusão, o professor deverá ser sensível na escolha das adaptações feitas, observando os seguintes critérios: para determinados jogos, é recomendável vendar todos os alunos, em outros, utilizar bolas com guizo, fitas ou cordas para delimitar o espaço e, principalmente, realizar as aulas em local silencioso. Em atividades de corrida, o professor deverá sinalizar ou orientar o aluno através de palmas, apito ou qualquer outro sinal sonoro.

A seguir, alguns jogos elaborados e adaptados para alunos cegos e com baixa visão, tanto em situação de inclusão como em turmas específicas.

SIGA A ORDEM

Número de Participantes: livre.
Material Necessário: banco sueco ou corda grossa.
Local: quadra ou sala.
Formação dos Alunos: fileiras.
Descrição do Jogo: O comprimento do banco deverá estar de acordo com o número de participantes e sua largura deverá ser de aproximadamente 20 cm. O professor convidará os alunos a subirem no banco e, quando todos estiverem em cima, explicará que o objetivo do jogo é fazer uma fila conforme as datas de aniversário de cada um, devendo os aniversariantes do mês de janeiro ficar numa ponta e os de dezembro, na outra, seguindo a ordem progressiva dos meses. O grupo deverá organizar-se sem descer do banco. Isso significa que eles deverão descobrir uma forma de trocar de posição apoiando-se uns nos outros, sem cair. Após, o professor poderá propor que se ponham em fila segundo suas idades, os mais jovens numa ponta e os mais velhos na outra.
Variável: O professor poderá propor que se enfileirem conforme o sexo, com os homens em uma ponta e as mulheres na outra. Ou, ainda, conforme a estatura: os mais altos em uma ponta e os mais baixos, na outra.Este jogo pode ser utilizado para trabalhar os conteúdos de diferentes áreas. Por exemplo, o professor poderá passar a cada aluno uma equação matemática, que deverá ser solucionada e, em seguida, todas serão organizadas numa fila ordenada segundo o valor da resposta. Pode-se trabalhar segundo o nível e os conteúdos que estão sendo dados: frações, dados históricos, que serão ordenados cronologicamente; palavras que serão postas em ordem alfabética etc.

Em situação de inclusão: Como não é um jogo competitivo, não há necessidade de vendar os alunos com boa visão, pois estes auxiliarão os outros na realização das tarefas.

OUÇA E PEGUE O RABINHO

Número de Participantes: de 5 a 10.
Material Necessário: barbante, latas de refrigerante com pedrinhas do tamanho de feijão dentro.
Local: ginásio ou qualquer lugar plano.
Formação dos Alunos: livre.
Descrição do Jogo: Amarrar a lata de refrigerante com um barbante, que será puxada pelos alunos, arrastada pelo chão. Cada um tentará roubar o "rabinho" do outro. Aquele que mais "rabinhos" pegar será o vencedor.
Em situação de inclusão: Os alunos poderão estar em duplas de mãos dadas, onde um estará vendado e o outro, não. Aquele que não enxerga pega o "rabinho", seguindo as instruções do vidente. O "rabinho" estará preso ao aluno cego ou com baixa visão. Vencerá a dupla que pegar mais "rabinhos".

ALERTA

Número de Participantes: 10.
Material Necessário: 1 bola com guizo.
Local: ginásio.
Formação dos Alunos: círculo e um voluntário no centro.
Descrição do Jogo: Cada aluno escolherá um animal do qual imitará o som. O jogo iniciará quando o aluno voluntário, que estará no centro do círculo, jogar a bola para cima e disser o nome de um dos animais. Ao mesmo tempo, os alunos deverão correr na direção oposta à bola, menos o aluno que estiver representando o animal chamado, que deverá correr ao encontro da bola. Quando ele pegar a bola, gritará "Alerta!". Os demais alunos deverão parar de correr e permanecer parados no lugar, como se fossem estátuas. Todos começam a imitar os seus respectivos animais, e o aluno que estiver com a bola poderá dar 3 passos para tentar se aproximar o máximo possível do aluno que ele acha estar mais perto, dizendo o nome do animal escolhido; os outros ficarão, então, em silêncio, e somente aquele que foi chamado continuará a imitação; o aluno que estiver com a bola terá que rolá-la, tentando acertá-lo. Se o aluno acertar a bola, o colega que representa o animal reiniciará o jogo; se não acertar, ele mesmo o reiniciará.
Variável: O jogo poderá ser feito em forma de competição. Se o participante que está com a bola na mão não acertar o colega que está imitando o animal, deverá sentar-se e permanecer no mesmo lugar. Assim, irá diminuindo o número de participantes e elevando o grau de dificuldade, pois poderá haver obstáculos para alcançar o animal desejado. Será o vencedor aquele que chegar até o final do jogo.

Em situação de inclusão: Todos os alunos deverão estar vendados.

FILEIRAS DAS FIGURAS GEOMÉTRICAS

Número de Participantes: número par com no máximo 8 participantes em cada fileira.
Material Necessário: 2 ou mais potes com figuras geométricas variadas (círculo, quadrado, losango etc.), chocalhos para variação do jogo.
Local: ginásio ou sala.
Formação dos Alunos: 2 ou mais fileiras com os participantes sentados.
Descrição do Jogo: Cada fileira receberá um nome ou número e um pote contendo figuras geométricas. A competição acontecerá da seguinte maneira: os potes serão entregues ao primeiro participante de cada fileira, e o professor dirá o nome de uma figura geométrica; o primeiro que encontrar a levantará, gritando o nome ou número de sua equipe e colocará a figura à sua frente. Este é o sinal para que o outro pare de procurar. Os participantes, então, passarão o pote para o companheiro do lado, o professor dirá o nome de outra figura, o primeiro que a encontrar gritará o nome ou número de sua fileira e colocará a figura à sua frente. Passa-se, então, o pote para o terceiro da fileira e assim sucessivamente, até chegar ao final da fileira. A fileira que, ao final, possuir maior número de figuras geométricas à sua frente, será a vencedora.
Variável: O professor dirá o nome de uma figura geométrica para cada participante da fileira e entregará o pote para o primeiro de cada uma delas. Ao sinal do professor, o primeiro encontra sua figura e a coloca à sua frente, passando o pote para o segundo, que encontrará a sua, colocando-a à sua frente e, assim, sucessivamente até o último. O último integrante de cada fila terá um chocalho, que agitará quando encontrar a sua figura, dizendo o nome ou número de sua equipe. Todos saberão que equipe terminou primeiro. Mas, continua a brincadeira, pois se deve conferir a seqüência: se não estiver correta, quem vence é a segunda fileira e assim por diante.

Em situação de inclusão: Todos os alunos deverão estar vendados.

PASSA A BOLA

Número de Participantes: livre.
Material Necessário: bolas com guizo.
Local: quadra ou uma sala.
Formação dos Alunos: 2 colunas com o mesmo número de participantes.
Descrição do Jogo: O primeiro integrante de cada coluna deverá estar com uma bola, que deverá ser passada utilizando as mãos, na seguinte ordem: a bola entre as pernas, até o último integrante da coluna; este irá devolvê-la por cima da cabeça até o primeiro da coluna. Em seguida, utilizando a mesma ordem, passar a bola pelo lado direito, retornando pelo esquerdo. Ganhará a coluna que realizar a seqüência primeiro. Cada coluna terá uma denominação que será gritada ao término da seqüência, determinando a equipe vencedora.
Em situação de inclusão: Os alunos videntes auxiliarão os alunos cegos e com baixa visão a pegar a bola, através de comunicação verbal e fazendo sons com a bola com guizos. Vencerá a coluna que realizar a seqüência primeiro, gritando o nome de sua equipe.

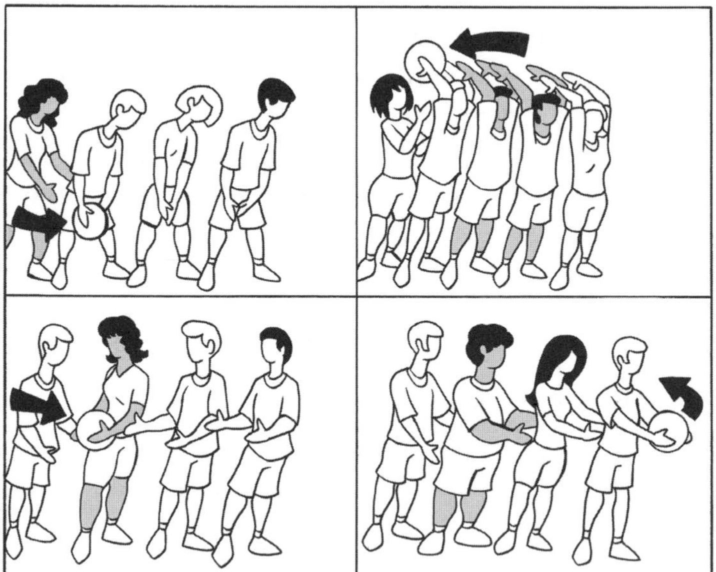

CORRIDA DOS BALÕES

Número de Participantes: livre.
Material Necessário: cordas compridas, lenços, balões e recipientes para colocar os balões.
Local: quadra ou pátio da escola.
Formação dos Alunos: colunas com no máximo 5 participantes cada.
Descrição do Jogo: Duas ou mais equipes deverão alinhar-se em colunas (no máximo cinco) atrás de uma linha de partida, segurando uma corda com a mão esquerda. Cada equipe terá sua própria corda, que servirá para orientação de direção. A corda, que terá um nó assinalando o ponto de partida, será esticada em linha reta até o último membro de cada equipe, sendo segura, na altura do quadril, por todos os integrantes da coluna. A corda deverá ser segurada com a mão esquerda. A outra ponta da corda será esticada por 3 metros avançando pela quadra, à frente da coluna, e será amarrada num poste ou segura por um aluno. O primeiro participante de cada coluna se posicionará com a mão esquerda no nó feito na corda; com a outra mão, segurará um balão. Dado o sinal de partida, o primeiro participante de cada coluna irá percorrer toda a extensão da corda (do nó ao outro lado) tocando-a com uma mão, enquanto a outra mão levará o balão, devendo retornar, pelo outro lado da corda, à linha de partida, onde entregará o balão ao próximo, posicionando-se no final da coluna. O integrante seguinte repete a manobra e assim, alternadamente, todos os componentes realizarão o trajeto. O último integrante a realizar o trajeto deverá entregar o balão ao primeiro que o percorreu. Este estourará o balão. Será vencedora a equipe que estourar o balão primeiro.
Variável: Seguindo as mesmas sugestões, apenas o aluno que estiver colocado na extremidade da corda irá trocar de lugar com aquele que estiver colocado no ponto de partida. Quando o aluno que estava na extremidade retornar a este ponto, deverá estourar o balão que estiver segurando. O balão deve ser estourado através do aperto barriga com barriga.
Em situação de inclusão: Os alunos videntes auxiliarão os colegas cegos e com baixa visão.

O COELHO SAI DA TOCA

Número de Participantes: livre.
Material Necessário: arcos.
Local: quadra.
Formação dos Alunos: em duplas dispersas pela quadra.
Descrição do jogo: Os alunos são divididos em duplas na quadra; um deles segurará o arco na altura da cintura, fazendo o papel da "Toca", enquanto o outro, que fará o papel de Coelho, entra na toca.Cada dupla combinará um som que a identificará. Ao comando "O Coelho Sai da Toca!", dado pelo professor, o aluno que está dentro do arco sai e inicia uma caminhada pela quadra (ambiente), acompanhado por seu companheiro. Após alguns segundos, o professor dará um novo comando "Coelho Volta para a Toca!". A Toca deverá permanecer parada onde se encontra e o "Coelho" deverá encontrá-la através do som anteriormente combinado. Somará mais pontos a dupla que concluir a volta em menor tempo.
Variável: Um dos alunos fará o coelho sem toca, que irá comandar o jogo. Ao primeiro comando "Coelho sai da Toca", o "Coelho" sairá da "Toca" e ficará andando pela quadra, enquanto a "Toca" faz o mesmo. Ao segundo comando "Coelho volta para a "Toca", as "Tocas" permanecerão paradas no lugar onde se encontram, emitindo o som "Toca, Toca, ..."; rapidamente, todos os "Coelhos" deverão encontrar uma "Toca", inclusive o "coelho" que estava sem toca. Aquele que ficar sem "Toca" será o comandante do jogo.
Em situação de inclusão: Todos os alunos deverão estar vendados.

CORRIDA DOS CARANGUEJOS

Número de Participantes: livre.
Material Necessário: cordas.
Local: quadra.
Formação dos Alunos: colunas, com no máximo 6 participantes cada.
Descrição do Jogo: À frente de cada coluna, serão estendidas duas cordas no chão, na largura dos ombros, do início ao fim do percurso. Os integrantes se posicionarão em 4 apoios de costas, atrás do ponto de partida, com a cabeça em direção às cordas. Ao sinal, deverão realizar o percurso, do início ao fim, deslocando-se como caranguejo, com as mãos em cima das cordas estendidas no chão, procurando percorrer toda a extensão, voltando à linha de partida da mesma maneira. Cada equipe terá um nome previamente combinado que será gritado pelo último competidor ao final do percurso, definindo a equipe vencedora.
Variável: Os participantes deverão fazer o percurso conduzindo um balão entre as pernas, sem estourá-lo, entregando-o para o próximo da coluna. O balão deverá ser estourado pelo último participante, ao término do percurso. Vence a coluna que primeiro estourar o balão.
Em situação de inclusão: Os alunos videntes não poderão olhar para a corda, mantendo o rosto voltado para cima, auxiliando o seu colega cego ou com baixa visão durante o percurso.

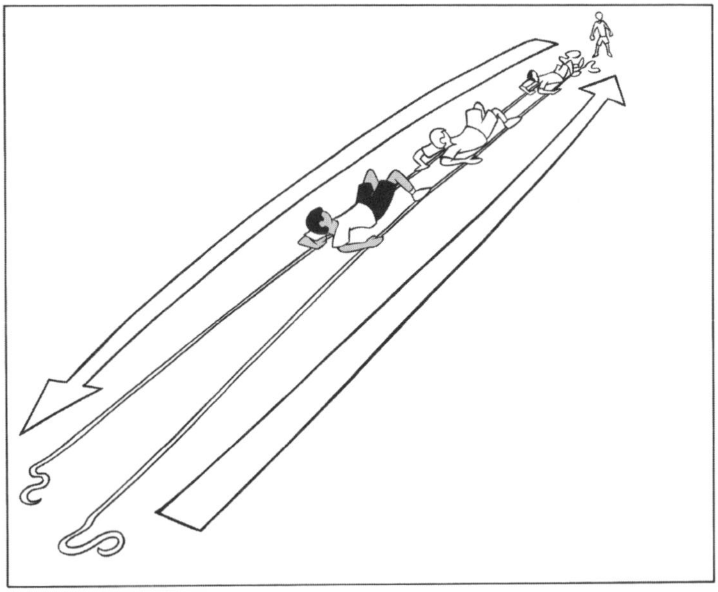

CAÇADA À BOLA

Número de Participantes: livre.
Material Necessário: bola com guizo.
Local: quadra.
Formação dos Alunos: 2 fileiras.
Descrição do Jogo: Formam-se duas fileiras, cada uma numa das laterais da quadra, viradas para o centro. Cada aluno receberá um número, que será o mesmo para as duas fileiras, no sentido diagonal. Quando o professor disser um número, os alunos que representarem esse número deverão pegar a bola, que ele estará movimentando no meio da quadra. Ao apanhar a bola, o aluno deverá dizer o nome de sua equipe (previamente combinado), que ganhará um ponto.
Variável: O professor proporá uma operação aritmética, e os alunos que representarem o resultado de tal operação deverão pegar a bola. Exemplo: 2 + 2 = 4; os alunos representantes do número 4 deverão tentar pegar a bola.
Em situação de inclusão: Todos os alunos deverão estar vendados.

NÓLENÇO

Número de Participantes: livre.
Material Necessário: apitos e vários lenços ou fitas.
Local: quadra ou sala.
Formação dos Alunos: colunas ou fileiras.
Descrição do Jogo: Sentados em seus lugares, em colunas ou fileiras com igual número de integrantes, representando as equipes. O último de cada coluna ou fileira estará segurando um lenço, e o primeiro, um apito. Ao sinal dado, aqueles que têm o lenço na mão atam-no no braço direito do colega da frente, fazendo um nó entre o cotovelo e o ombro; o aluno desata o nó de seu braço com a mão esquerda, ata-o no colega da frente e, assim, sucessivamente, até que o primeiro dê o sinal de que sua equipe terminou. Vence a equipe que apitar primeiro.
Em situação de inclusão: O aluno vidente não poderá olhar quando for amarrar o lenço ou a fita, nem quando for desamarrá-las, mantendo o rosto voltado para o outro lado.

ENTRE NESSA TAMBÉM!

Número de Participantes: livre.
Material Necessário: arcos.
Local: quadra.
Formação dos Alunos: colunas.
Descrição do Jogo: Duas colunas ou mais, com no máximo 6 participantes cada. Todos os integrantes de cada coluna deverão segurar com a mão esquerda a mão direita do colega de trás, com a mão entre as pernas. O primeiro estará segurando um arco, devendo, ao sinal dado, passar por dentro dele, entregando-o, sem soltar as mãos, ao colega de trás, que fará o mesmo em relação ao colega de trás. Quando o arco chegar ao último da coluna, este deverá passá-lo para frente, segurar a mão do colega de trás (com a mão entre as pernas) e recomeçar a passar o arco, assim sucessivamente. Vence a equipe que retomar a posição inicial em primeiro lugar, gritando o nome de sua equipe (previamente combinado).
Em situação de inclusão: Os alunos videntes e com baixa visão deverão estar vendados.

TREM CARGUEIROS

Número de Participantes: livre.
Material Necessário: bolas com guizo, conforme o número de alunos; cordas.
Local: quadra.
Formação dos Alunos: colunas com no máximo 5 participantes.
Descrição do Jogo: Serão formadas colunas com no máximo cinco participantes cada. Os participantes estarão com as mãos nos ombros do colega da frente, formando as colunas que estarão dispersas pela quadra previamente delimitada por cordas. Também dispersas pela quadra estarão as bolas com guizo. Os alunos deverão movimentar-se sempre em colunas, procurando pelas bolas. Quando encontrar uma bola, ela será recolhida pelo primeiro componente da coluna, que a passará para o seguinte, deste ao terceiro, até chegar ao último, que a manterá na mão e, assim, sucessivamente: quando um dos componentes do grupo localizar a bola, esta será segura pelo quarto integrante, depois pelo terceiro, pelo segundo, até que o primeiro da coluna ficará com a bola na mão. No caso de, por exemplo, o terceiro da coluna encontrar a bola, a coluna deverá fazer uma curva, retroceder ou avançar, pois só o primeiro tem a permissão para pegá-la. Vence a equipe que primeiro recolher bolas para todos os seus componentes, gritando o nome da equipe e chacoalhando as bolas.
Em situação de inclusão: 1 Todos os alunos deverão estar vendados.
2 Os guias ficarão fora da quadra guiando seu grupo para "carregar" a carga.

DUPLA PEGADORA

Número de Participantes: livre.
Material Necessário: tornozeleiras e bolas com guizo.
Local: quadra.
Formação dos Alunos: em duplas dispersas na quadra.
Descrição do Jogo: Após a formação das duplas, uma será escolhida para ser a "dupla pegadora". Todos os participantes estarão com uma tornozeleira com guizo, e a dupla pegadora terá, também, uma bola com guizos que estará sendo chacoalhada. Essa dupla deverá tentar pegar as outras tocando um dos integrantes com a bola. Quando uma for pega, deverá ajudar na captura das outras. O professor entregará uma bola com guizo para a próxima dupla pegadora. Vence a dupla que restar quando todas as outras forem pegadoras.
Variável: Uma variação possível nesta brincadeira é trocar a "dupla pegadora", ou seja, quando uma for capturada, trocará de lugar, passando a ser pegadora.

BATE-REBATE

Número de Participantes: livre.
Material Necessário: nenhum.
Local: quadra ou sala.
Formação dos Alunos: em círculo.
Descrição do Jogo: Em círculo, com a mão direita espalmada para cima, à frente do corpo, seguindo a linha do ombro, e a mão esquerda espalmada para baixo. O aluno deverá apoiar sua mão esquerda na mão direita do colega ao lado e, assim, sucessivamente. Os alunos deverão cantar a música "Escravos de Jó" ou uma canção similar. Os alunos deverão bater palmas conforme o ritmo da música. No momento que a canção diz "... tira, bota...", o aluno deverá seguir o comando da música, afastando a mão esquerda da mão direita do colega ao lado e recolocando logo em seguida. O professor deverá orientar a turma sobre o ritmo a ser aplicado, por exemplo: rápido ou lento, forte ou fraco.
Variável: Inverter as mãos, a que estava virada para baixo estará voltada para cima, ou as palmas das mãos estarão voltadas para os colegas que estarão nos respectivos lados, ficando a mão esquerda espalmada verticalmente na mão direita do colega ao lado.
Em situação de inclusão: Todos os alunos estarão vendados ou com os olhos fechados.

TRENZINHO MALUCO II

Número de Participantes: livre.
Material Necessário: vendas, 20 cones, 2 bolas de futebol de campo, lata com pedrinhas (chocalho).
Local: quadra.
Formação dos Alunos: colunas.
Descrição do Jogo: Serão formadas duas colunas, cujos participantes ficarão com as mãos no colega da frente e, no final de cada coluna, estará um vidente. Serão colocados 9 cones, um atrás do outro, em frente de cada coluna. Ao sinal do professor, o último de cada coluna (o vidente) estabelecerá os seguintes comandos: a) toque intermitente no ombro direito: virar para o lado direito; b) toque intermitente no ombro esquerdo: virar para o lado esquerdo; c) toque intermitente na cabeça: abaixar; d) toque na nuca: chutar; e) toque nas costas: voltar de ré. Os alunos irão passando os sinais para os colegas posicionados a sua frente. Através do toque, os alunos deverão enfrentar os desafios propostos pelo professor, ou seja, ultrapassar os cones, levando a bola até o final destes. Aquele que primeiro chegar, sacudirá a lata com pedrinhas que estará posicionada no final dos cones.
Variável: O percurso poderá ser feito conduzindo uma bola que será a chutada a gol no final do percurso. A goleira poderá ser improvisada com 2 cones.

CAÇADA AO TESOURO

Número de Participantes: de 4 até 16.
Material Necessário: vendas, bolas com guizo.
Local: quadra.
Formação dos Alunos: em duplas, espalhadas pela quadra.
Descrição do Jogo: Primeiramente, os alunos formarão duplas (sendo que um deles é vidente). Logo após, o professor fará uma espécie de ninho do tesouro em alguns cantos da quadra, utilizando as bolas com guizo. Em seguida, o colega vidente da dupla se separa e fica em um lugar próximo dos ninhos para auxiliar o outro colega a chegar ao ninho. As dicas podem ser de forma simbólica. Por exemplo, "10 passos de elefante para frente", "20 passos de formiga para o lado direito" etc.

CORRIDA MALUCA

Número de Participantes: livre.
Material Necessário: vendas, 1 arco, 2 cordas grandes e 1 bola com guizo.
Local: quadra.
Formação dos Alunos: 2 equipes posicionadas nas diagonais opostas da quadra.
Descrição do Jogo: Serão formadas duas equipes com o mesmo número de participantes cada, que se posicionarão nas diagonais opostas da quadra. O professor dará números a cada um dos integrantes de cada equipe. Uma bola com guizo será posicionada no centro da quadra, dentro de um arco. Cada equipe contará com um vidente. O professor chamará por um número, e os integrantes das equipes que tiverem aquele número deverão dirigir-se à bola, auxiliados pelo comando verbal do companheiro vidente. O primeiro que tocar na bola, sem deixá-la rolar para fora do arco, grita o nome da equipe, anteriormente escolhido pelo grupo. O aluno que gritar o nome da equipe deverá estar tocando na bola e dentro do arco. Vence a equipe que fizer o maior número de pontos.

HANDEBOL-TATO

Número de Participantes: 20.
Material Necessário: 1 bola de futsal com guizo e coletes.
Local: quadra de handebol ou de futsal.
Formação dos Alunos: 2 equipes formando duplas.
Descrição do Jogo: Serão formados dois times com cinco duplas cada. As duplas terão um aluno cego e outro vidente, deslocando-se com as mãos dadas. Cada time escolherá o seu campo de defesa. O início do jogo ocorrerá quando o professor, de costas, arremessar a bola para a quadra. As duplas deverão tentar pegar a bola, atacando o time adversário. As duplas não poderão dar mais que três passos com a bola na mão, após o que deverão passar a bola para uma dupla parceira. Apenas o cego deverá chutar a gol, através da orientação do colega vidente. Não é necessário goleiro. No caso de infrações (quicar a bola, o vidente arremessar a gol, bola fora, empurrar os colegas, tocar a bola com outra parte do corpo que não os membros superiores, pisar na área de gol), a bola será lançada da lateral da quadra.
Variável: O mesmo jogo poderá ser feito com a manipulação da bola com os pés. Neste caso, a brincadeira terá o nome de Futebol Cego. Para esta atividade, cada vez que o cego chutar a bola deverá dizer "Fui", para evitar acidentes do tipo dois alunos chutarem a bola ao mesmo tempo.

RELÓGIO DE CORDA

Número de Participantes: livre.
Material Necessário: vendas, corda, argolas.
Local: quadra.
Formação dos Alunos: em duplas.
Descrição do Jogo: Serão formadas duplas com um aluno da dupla cego ou com vendas e um vidente. Dois alunos estarão trilhando uma corda que terá no centro argolas seguras por nós em ambos os lados, cuja função é dar direção ao aluno cego ou com vendas. Cada dupla terá de pular a corda seguindo as horas até completar 12 saltos. Ou seja, vai-se cantando "1 hooora!" significa 1 salto; "2 hooraaas!" para dar dois saltos e assim sucessivamente, até completar as 12h. A dupla estará fora da corda, devendo entrar quando começarem a serem contadas as horas. Caso a dupla erre, deverá repetir a hora onde errou. Vence a dupla que fechar as 12 horas no menor tempo.
Variável: Todos os alunos cegos ou com vendas. Neste caso, o jogo será individual, não mais em duplas. Ao começar a contagem das horas, o aluno já estará posicionado na corda, devendo proceder da mesma forma anterior.

DUPLA PEGADORA

Número de Participantes: livre.
Material Necessário: tornozeleiras com guizo e chocalhos.
Local: quadra.
Formação dos Alunos: em duplas dispersas na quadra.
Descrição do Jogo: Após a formação das duplas, uma será escolhida para ser a "dupla pegadora", carregando um chocalho. Essa dupla deverá tentar pegar as outras, que estarão usando tornozeleiras com guizos e fugindo. Quando uma dupla for pega, deverá ajudar na captura das outras, que receberão um chocalho também.
Variável: Uma variação possível nesta brincadeira é trocar a "dupla pegadora", ou seja, quando uma for capturada, trocará de lugar, passando a ser a pegadora.

CAPÍTULO 8

JOGOS PARA CRIANÇAS E JOVENS COM DEFICIÊNCIA MENTAL

Às vezes fico a pensar como seria melhor se as pessoas em geral, eu inclusive, fossem como muitas crianças e jovens com deficiência mental: mais ingênuos, calmos e não tão competitivos. Talvez fosse mais fácil viver neste mundo. Porém, muitas dessas crianças, por falta de estímulos ou por outras questões, apresentam deficiências muito acentuadas, dificultando sua autonomia básica de proteção, alimentação e higiene.

Falarei agora de jogos que podem ser propostos para crianças e jovens com deficiência mental participantes de programas recreativos nas escolas ou em locais de lazer. O professor orientador das atividades deve estar atento a algumas situações que podem ocorrer. Muitas vezes, os alunos terão dificuldade de entender as instruções do professor, pois a atenção deles pode não estar voltada à explicação. Conseqüentemente, o professor deverá auxiliar o aluno a organizar seu pensamento. O professor deverá propor a seqüência ordenadamente por várias vezes, porém não deverá tomar o aluno pelo braço e auxiliá-lo fisicamente, e sim fazer com que ele próprio entenda o que deverá ser realizado. O professor deverá ter calma e explicar quantas vezes for necessário para que o aluno entenda o jogo, podendo ser auxiliado pelos colegas do grupo que já compreenderam a seqüência da atividade.

Em situação de inclusão, o professor deverá explicar para a turma a importância da participação de todos no jogo. Os que têm mais dificuldade poderão ser auxiliados pelos demais colegas. É de grande relevância que o professor interaja com o grupo nesse processo. O aluno com deficiência mental deverá pertencer ao grupo e não apenas estar presente nele. Os alunos devem, com o passar das aulas, desenvolver habilidades motoras, independente de características específicas. Para que isso ocorra, o aluno em situação de inclusão precisa participar de todos os jogos ativamente, não apenas em tarefas simplificas. Muitas vezes o professor deverá modificar as regras de jogos que, normalmente, desenvolve com outros grupos. A seguir, algumas sugestões de jogos recreativos.

PASSA JOÃO

Número de Participantes: livre.
Local: sala ou ginásio.
Formação dos Alunos: em círculo.
Descrição do Jogo: Com os alunos sentados em círculo, o professor inicia pegando uma bola e cantando a canção "Passa João": "O João vai passar, ele ainda não chegou, ele ainda não chegou, ele acaba de chegaaaaaar!". Enquanto isso, os participantes passam a bola de mão em mão para os colegas, até que todos os componentes do círculo a tenham tocado. Ao parar a música, a bola pára de ser passada e aquele que estiver com a bola deverá imitar um bicho.
Variável: Em vez de cantar "Passa João", trocar pelo nome dos alunos consecutivamente, até citar o nome de todos. Exemplo: "A Maria vai passar, ela ainda não chegou, ela ainda não chegou, ela acaba de chegaaaaaar!" Neste tipo de brincadeira, estimular a criança a participar do jogo, cantando.

TÚNEL LEGAL

Número de Participantes: livre.
Material Necessário: 1 túnel de pano ou feito com arcos e 1 colchonete
Local: sala ou ginásio.
Formação dos Alunos: colunas, com 6 integrantes cada uma.
Descrição do Jogo: Os alunos formarão uma coluna em uma das extremidades do túnel. Na outra, será colocado o colchonete, a aproximadamente um metro de distância. Os participantes entrarão um de cada vez no túnel, deslocando-se até a outra ponta, não podendo voltar. Chegando ao final do túnel, darão uma cambalhota e voltarão ao final da coluna.
Variável: Fazer um túnel pequeno e, no final, colocar mais obstáculos como, por exemplo, uma corda que o aluno deverá saltar antes de dar a cambalhota.

CAMINHADA NO PÂNTANO

Número de Participantes: livre.
Material Necessário: corda, trave de equilíbrio de 2 a 3 m e arco.
Local: sala ou ginásio.
Formação dos Alunos: forma-se uma coluna atrás da corda disposta no chão; depois da corda, coloca-se a trave de equilíbrio, seguida do arco.
Descrição do Jogo: Cada participante deverá caminhar sobre a corda até a trave de equilíbrio, a qual deverá ser percorrida. Se o aluno apresentar dificuldades no trajeto dos obstáculos, o professor auxiliará. Após passar pelos dois obstáculos, saltar e cair dentro do arco, retornando ao final da coluna. Antes de iniciar, o professor deverá contar uma estória sobre a "caminhada no pântano", que pode ser criada ou inspirada em alguma história infantil. Exemplo: "Era uma vez um grupo de crianças que resolveu passear numa floresta, mas nessa floresta havia muitos lagos e rios... Vamos lá também!"
Variável: Após ter feito a trajetória caminhando de frente, percorrê-la de lado ou de costas; quando chegar no final da trave, virar-se de frente e, aí sim, saltar dentro do arco. Sempre combinando com a estória contada previamente.

CROCODILO FAMINTO

Número de Participantes: mínimo 5.
Material Necessário: nenhum.
Local: quadra de vôlei.
Formação dos Alunos: em fileira no fundo da quadra de vôlei e um aluno na linha central.
Descrição do Jogo: Os participantes dispostos de um lado da quadra deverão atravessar o lago (a quadra), fazendo imitações de determinados animais, não sendo permitida a repetição dos animais. No centro, um aluno que representará o "crocodilo faminto" deverá tentar pegar os "animais" que querem passar pela linha central. O crocodilo não poderá afastar-se da linha central. O participante que não conseguir fugir do crocodilo ocupará seu lugar ou auxiliará o crocodilo faminto a pegar os demais animais.

NÃO-ME-TOQUE

Número de Participantes: no mínimo 6.
Material Necessário: nenhum.
Local: quadra.
Formação dos Alunos: dispostos livremente.
Descrição do Jogo: Um dos participantes, escolhido pelo professor, será o pegador. Assim que o professor gritar o nome de um dos outros participantes, os demais colegas deverão formar um círculo ao seu redor, impedindo que o pegador toque nele. Só será trocado o pegador quando ele conseguir tocar em alguém.

PEGUE O LADRÃO!

Número de Participantes: no mínimo 6.
Material Necessário: nenhum.
Local: quadra.
Formação dos Alunos: círculo.
Descrição do Jogo: Os alunos formarão um círculo com um participante dentro e outro fora. Os integrantes do círculo deverão proteger o de dentro, enquanto o de fora deverá tentar pegá-lo, passando entre os integrantes do círculo. Assim que o de dentro for pego, trocam-se os alunos que ficam fora e dentro do círculo.

VAMOS...? ENTÃO, VAMOS!

Número de Participantes: livre.
Material Necessário: nenhum.
Local: quadra.
Formação dos Alunos: dispostos livremente.
Descrição do Jogo: Quando o professor falar "Vamos pular?", os alunos responderão "Vamos!", ao que o professor dirá "Então, vamos!". Nesse momento, todos deverão pular. Porém, a atividade só deverá ser executada com a expressão "Então, vamos!". Por exemplo, se o professor falar "Vamos lá!", os alunos deverão permanecer parados.

CAÇADOR

Número de Participantes: no mínimo 10.
Material Necessário: 1 bola leve.
Local: quadra.
Formação dos Alunos: 2 alunos permanecem um de cada lado da quadra. Os demais ficam dispostos livremente.
Descrição do Jogo: Dois dos alunos serão designados caçadores e deverão ficar um de cada lado da quadra, enquanto os outros circularão por ela. O objetivo dos caçadores é acertar a bola nas pernas dos participantes, antes que ela toque o chão. Quem for pego pela bola irá para o lado do caçador que o acertou, alternando-se com ele no arremesso. Vence o aluno que conseguir ser o último a ser caçado.
Variável: O aluno caçado passa a ser caçador e vice-versa. Outra variável possível é fazer com que a bola seja rolada no chão.

ASPIRADOR

Número de Participantes: livre.
Material Necessário: nenhum.
Local: quadra.
Formação dos Alunos: em grupos de 3.
Descrição do Jogo: Grupos de três alunos, em que um dos componentes será o "cisco", enquanto os outros dois deverão dar as mãos formando o aspirador de pó. O cisco deverá fugir e o aspirador de pó tentará pegá-lo, correndo atrás dele. Quando o cisco for pego, ele será uma parte do aspirador de pó, e um dos dois colegas do grupo será o cisco.
Variável: O aspirador de pó poderá pegar qualquer cisco que estiver circulando na quadra, não apenas aquele do seu próprio grupo.

JOGO DOS BALÕES

Número de Participantes: livre.
Material Necessário: balões.
Local: quadra.
Formação dos Alunos: livre.
Descrição do Jogo: Os alunos ficarão em pé, agrupados em uma área determinada pelo professor. Cada um deles segurará um balão. Ao sinal dado, deverão jogar os balões para cima, mantendo-os no ar através de pequenos toques, sem deixá-los cair no chão nem segurá-los na mão, não importando de quem são os balões. Enquanto o professor conta até dez, os alunos não podem deixar os balões cair. O balão que cair deverá permanecer no chão. Após esse tempo, o grupo conta quantos balões conseguiram salvar. A cada jogo, incentivar os alunos para que eles salvem mais balões.
Obs.: Fazer com que o aluno também faça a contagem. Ao final do jogo, pedir que ele conte quantos balões estão no chão e quantos foram salvos, levando-o a fazer a relação entre aqueles que caíram e aqueles que foram salvos.
Variável: Os alunos deverão bater palma cada vez que tocarem um balão. Ou deverão tocar no balão com a mão esquerda, ou com o pé ou usando diferentes partes do corpo.

FLORESTA ESCURA

Número de Participantes: livre.
Material Necessário: 1 venda.
Local: quadra.
Formação dos Alunos: livre.
Descrição do Jogo: Um aluno deverá estar com os olhos vendados, representando a cabra-cega. Os outros ficarão dispersos pela quadra, e deverão emitir sons e fazer barulhos para que a cabra-cega tente pegá-los. Cada criança imitará sons de um animal. Quando a cabra-cega conseguir pegar um deles, deverá dizer que animal é aquele, guiando-se pelo som emitido por ele.

BOLA NO TRILHO

Número de Participantes: livre.
Material Necessário: 1 bola.
Local: quadra.
Formação dos Alunos: coluna.
Descrição do Jogo: Será formada uma ou mais colunas, conforme o número de alunos. Os alunos estarão posicionados com as pernas afastadas, sendo que o primeiro de cada coluna estará segurando uma bola. Ao sinal dado e previamente combinado pelo professor, a bola é passada (ou rolada) entre as pernas para o aluno seguinte e, assim, sucessivamente. Quando a bola chegar ao último integrante da coluna, este pegará a bola e irá ocupar o primeiro lugar da coluna, dando continuidade à atividade.
Variável 1: Duas colunas com o mesmo número de participantes em cada. Ao sinal do professor, os alunos deverão passar a bola o mais rápido possível. A coluna que terminar primeiro será a vencedora.
Variável 2: A bola deverá ser passada de mão em mão por sobre a cabeça dos componentes da coluna.

DANÇA DO CHAPÉU

Número de Participantes: livre.
Material Necessário: aparelho de som.
Local: quadra ou sala.
Formação dos Alunos: em duplas.
Descrição do Jogo: Os alunos, em duplas, dançam livremente pela sala. Um deles estará sozinho segurando um chapéu. Em determinado momento, o professor desligará a música, e o aluno que estiver sem par deverá pôr o chapéu na cabeça de uma pessoa, ocupando seu lugar. Aquele que está com o chapéu na cabeça será o bailarino do chapéu.
Variável: Em vez de ser uma pessoa com um chapéu, deverá ser uma dupla com dois chapéus: assim que a música parar de tocar, a dupla se separará e colocará os chapéus em duas pessoas de duplas diferentes, que deverão juntar-se formando um novo par, e assim sucessivamente.

EU ACHO QUE VI UM GATINHO!

Número de Participantes: livre.
Material Necessário: nenhum.
Local: quadra ou sala.
Formação dos Alunos: em círculo.
Descrição do Jogo: Os alunos deverão estar em círculo, um deles no centro, imitando um gatinho. O gatinho deverá percorrer o círculo e, em determinado momento, parar em frente a um dos integrantes do círculo. Assim que o gatinho parar, o aluno escolhido deverá dizer "eu acho que vi um gatinho" e passar a mão na cabeça do gato. O gato mia, e o aluno do círculo não poderá rir; se rir, deverá trocar com o gato e ser o novo gatinho do círculo. Assim sucessivamente.
Variável: Outros animais poderão ser imitados (cão, coelho etc.).

CHUTE A BOLA

Número de Participantes: livre.
Material Necessário: 1 bola.
Local: quadra.
Formação dos Alunos: círculo.
Descrição do Jogo: Os alunos deverão formar um círculo com um participante dentro. O objetivo do jogo é chutar a bola para os colegas do círculo, evitando que o do centro roube a bola. Se o do centro conseguir dominar a bola com o pé, ele deverá escolher um integrante do grupo para substituí-lo no centro.
Variável: Os alunos ficarão livres em uma área determinada pelo professor, sendo que um estará de colete colorido. Os alunos deverão passar a bola entre si (com o pé ou com as mãos), e o de colete deverá tentar roubar a bola. Assim que conseguir, deverá escolher um integrante do jogo para ser o aluno do colete colorido.

1, 2, 3, 4 E BRASIL!

Número de Participantes: livre.
Material Necessário: 1 bola.
Local: quadra.
Formação dos Alunos: círculo.
Descrição do Jogo: Em círculo, a bola é passada de um aluno para outro através do toque com as mãos; cada aluno que receber a bola dirá um número, de forma seqüencial: o primeiro dirá 1, o segundo, 2, assim consecutivamente; o quinto aluno, ao receber a bola, em vez de dizer 5, dirá "Brasil!" O jogo reiniciará a partir do 1.

ZIGUEZAGUEANDO

Número de Participantes: livre.
Material Necessário: bolas, cones.
Local: quadra.
Formação dos Alunos: coluna.
Descrição do Jogo: São formadas colunas, com no máximo 6 integrantes cada; à frente de cada coluna serão dispostos cones. O primeiro integrante de cada coluna ficará com uma bola e, ao sinal dado, deverá conduzir a bola em ziguezague entre os cones, retornar e entregar a bola ao segundo da coluna, colocando-se sentado atrás de uma linha demarcada ao fundo da quadra, e assim sucessivamente. Vence a coluna que primeiro tiver todos os integrantes sentados após terem completado o percurso.

CORRENTE

Número de Participantes: livre.
Material Necessário: nenhum.
Local: quadra.
Formação dos Alunos: em duplas, dispersas na quadra.
Descrição do Jogo: Após a formação das duplas, que estarão de mãos dadas, uma é escolhida para ser a "dupla pegadora". Essa dupla deverá pegar as outras, que irão, após serem pegas, unir-se a ela dando-se as mãos, formando a "corrente". Vence a dupla que não for pega após todas as outras terem sido.

TECO E PETECO

Número de Participantes: livre, se possível em número par.
Material Necessário: nenhum.
Local: quadra.
Formação dos Alunos: 2 fileiras.
Descrição do Jogo: O grupo é dividido em duas equipes, formando-se duas fileiras, uma de frente para a outra, no centro da quadra. Uma será chamada de "Teco", a outra se denominará "Peteco". Quando o professor gritar "Teco", os integrantes desta equipe deverão tentar pegar os integrantes da equipe adversária e vice-versa. Vence a equipe que ficar com mais pessoas, ao final da tarefa, cujo tempo será estipulado pelo professor.

BOIADEIRO

Número de Participantes: livre.
Material Necessário: fitas de cores diferentes.
Local: quadra.
Formação dos Alunos: livre.
Descrição do Jogo: O professor escolherá um aluno que, portando uma fita (na cor preta, por exemplo), será o "boaideiro"; os outros alunos serão divididos em duas equipes que terão fitas de cores diferentes. Por exemplo, uma equipe portando fitas brancas será chamada de "boi branco" e a outra, com fitas vermelhas, será chamada de "boi vermelho". Todos os componentes estarão circulando livremente pela quadra, enquanto o "boiadeiro" faz de conta que está galopando num cavalo. Quando o professor gritar "boi branco", aqueles que estiverem com a fita branca deverão juntar-se num grande abraço, enquanto aqueles que estão com a fita vermelha formarão um grande círculo ao redor do grupo da fita branca, tentando protegê-los do boiadeiro, que estará tentando pegar um boi branco. Aquele que for apanhado torna-se o próximo "boiadeiro".
Variável: A proteção se dará de forma individual, ou seja, quando o professor gritar boi branco, cada um dos componentes do grupo de bois vermelhos protegerá um dos bois brancos. Aquele que o boiadeiro pegar será mais um boiadeiro, com o que o número de pegadores aumentará.
Obs.: O boi protetor poderá proteger mais de um integrante.

SALVE-SE COM AS MÃOS

Número de Participantes: livre.
Material Necessário: balões.
Local: quadra.
Formação dos Alunos: livre.
Descrição do Jogo: O jogo é de pega-pega, que tem início com um ou dois pegadores, cada um segurando um balão. O pegador deverá encostar o balão na cabeça do colega que, para não ser pego e proteger-se, deve tocar com as duas mãos as mãos do colega mais próximo. Aquele que for apanhado será o próximo pegador.
Variável: Pode ser aumentado o número de balões (pegadores) ou o número de pessoas para se salvar no abraço (abraço em trios ou quartetos).

C A P Í T U L O 9

JOGOS PARA CRIANÇAS E JOVENS COM DEFICIÊNCIA FÍSICA

As crianças e jovens com deficiência física possuem necessidades variadas. Algumas delas usam cadeira de rodas, outras podem precisar apenas de um apoio e outras, muitas vezes, possuem habilidade reduzida para os padrões motores convencionais básicos, como manter o equilíbrio do tronco na posição sentada ou segurar uma bola pequena. Às vezes, as crianças já nascem com o comprometimento motor, tendo de desenvolver habilidades básicas de acordo com o seu aparato motor. Essa criança desenvolverá locomoção, manipulação de objetos e estabilização do corpo de maneira peculiar.

Por outro lado, alguns jovens podem ter adquirido sua deficiência motora após desenvolver os padrões motores básicos. Dessa forma, terão de reaprender as habilidades de locomoção, estabilização e/ou manipulação de objetos, utilizando talvez alguns instrumentos como auxílio.

Assim, o professor deverá elaborar jogos adequados a esses indivíduos, incentivando a aquisição de um novo repertório de movimentos, sem, no entanto, subestimar seu potencial.

A seguir são apresentados alguns jogos que poderão ser realizados tanto em grupos específicos como em situação de inclusão, lembrando que o professor deverá sempre adequar as atividades à turma com a qual trabalha.

JOGO DOS PASSES

Número de Participantes: livre.
Material Necessário: coletes coloridos, 1 bola.
Local: quadra.
Formação dos Alunos: sentados no chão ou na cadeira de rodas.
Descrição do Jogo: A turma será dividida em dois grupos, cada grupo identificado por coletes de cores diferentes, em uma área definida previamente. O grupo que tiver a posse da bola deverá passá-la entre seus colegas até completar 10 passes, enquanto o outro grupo tentará interceptar a bola. Para cada 10 passes que o grupo efetuar, soma-se um ponto. Os participantes não poderão, em momento algum, levantar o quadril do chão ou da cadeira de rodas. Se a bola cair no chão ou o adversário pegá-la, a contagem recomeçará. Vence o grupo que fizer mais pontos. O tempo de jogo será definido pelo professor.
Variável: O professor poderá aumentar ou diminuir o número de passes para realizar um ponto.
I Situação de inclusão: Todos os alunos deverão estar sentados na quadra, independente de ter ou não comprometimento motor.
II Situação de inclusão: Se houver um cadeirante, o grupo oponente deverá ter um participante de sua equipe sentado em uma cadeira. Se houver mais cadeirantes, aumenta o número de sentados em cadeiras. Durante a seqüência do jogo, todos os alunos deverão ficar pelo menos uma vez sentados.

PASSA REPASSA

Número de Participantes: livre.
Material Necessário: 1 bola de vôlei.
Local: quadra.
Formação dos Alunos: sentados.
Descrição do Jogo: Os alunos estarão dispersos sentados pela quadra de voleibol, ou similar, dois deles sentados nas pontas. Os alunos das pontas iniciarão a troca de passes de bola, enquanto os alunos do centro da quadra tentarão pegá-la sem tirar o quadril do chão. O aluno que conseguir pegar a bola troca de lugar com aquele que a jogou.

CAÇADOR

Número de Participantes: livre.
Material Necessário: 1 bola.
Local: quadra.
Formação dos Alunos: livre ou 2 times.
Descrição do Jogo: Um dos alunos será o "caçador" e os demais colegas, as "caças", todos sentados de forma dispersa pela quadra. O caçador terá uma bola na mão, que deverá arremessar nos colegas que estão sentados. As caças deverão deslocar-se em todas as direções para escapar do caçador. Aquele que for atingido pela bola passará a ser um caçador, aumentando o número de caçadores.
Variável: Poderão ser formadas duas equipes, que ficarão uma em cada lado da linha central da quadra de vôlei, e um jogador de cada time na linha de fundo da quadra adversária tentando acertar com a bola o seu oponente. Aquele que for pego pela bola, que deverá ser arremessada tanto pelo que estiver na linha do fundo como pelo grupo no centro da quadra, vai para a linha de fundo do time que o pegou. Se apanhar a bola, tentará acertar o adversário, arremessando sempre sentado, sem levantar o quadril do chão ou da cadeira de rodas. O Aluno só será pego quando a bola vier diretamente contra ele, bater em seu corpo e cair no chão. Se a bola for pega por ele ou por outro colega, ou quicar no chão antes de tocar no aluno, o jogo continua sem que ele seja pego. Se a bola tocar em dois componentes da mesma equipe e depois cair no chão, os dois integrantes estarão pegos e deverão ir para trás da linha de fundo, auxiliando na caça ao adversário.

PEGUE O RABO

Número de Participantes: 15.
Material Necessário: nenhum.
Local: quadra.
Formação dos Alunos: coluna.
Descrição do Jogo: Os alunos em coluna, segurando com as mãos a cadeira de roda do colega da frente. Um aluno, escolhido para ficar de frente para a coluna, será o "pegador" e tentará pegar o último da coluna, o "rabo", enquanto os demais alunos devem movimentar-se de modo a impedir que isso aconteça. Quando o "rabo" for pego, este passa a ser o pegador e quem pegou entra na frente e passa a ser a "cabeça". O primeiro da fila ficará com as mãos livres e, por isso, poderá atrapalhar o pegador movimentando os braços, porém sem encostar-se nele.
Em situação de inclusão: Será realizado o mesmo jogo, sendo que o aluno cadeirante poderá ser o primeiro da coluna ou em outra posição, preso ao colega da frente por uma corda.

BOLA À TORRE

Número de participantes: livre.
Material Necessário: uma bola, giz e coletes.
Local: quadra de vôlei ou similar.
Formação dos Alunos: dispersos na quadra.
Descrição do Jogo: Os alunos deverão estar em duas áreas definidas pelo professor, sentados no chão ou em cadeiras de rodas. Em cada área haverá número igual de pessoas dos dois times, que não poderão sair das respectivas áreas. No fundo, atrás de cada área terá a torre, que será um aluno dentro de uma área desenhada no chão. Cada equipe ataca em uma direção previamente combinada, com o objetivo de passar a bola para sua torre, sem que o time adversário pegue a bola. Se o adversário pegar a bola, deverá passá-la para a sua torre. Vence o time que mais bolas acertar na torre.
Em situação de inclusão: Cada time será dividido em dois, uns estarão sentados e os demais em pé. A bola deverá ser arremessada à torre pelos alunos que estarão sentados no chão ou na cadeira. Ou o deverá ser trocado passe entre o aluno em pé e o sentado e, então, o arremesso à torre poderá ser feito por qualquer integrante do grupo.

TOCA-RETOCA

Número de participantes: mínimo 10.
Material Necessário: 1 bola, 1 rede medindo 1m de altura.
Local: quadra medindo 10 m x 6 m.
Formação dos Alunos: 5 alunos sentados em cada lado da quadra.
Descrição do Jogo: Serão formados dois times com cinco alunos cada. Estes estarão sentados livremente em cada lado da quadra dividida pela rede. Ao sinal dado pelo professor, terá início o jogo quando um aluno, de fora da quadra, fará o lançamento da bola para a quadra adversária utilizando as duas mãos. Após o lançamento, o arremessador retorna para dentro da quadra. Um componente da equipe receptora deverá pegá-la, passando-a em seguida para seu colega de campo. Todos os 5 componentes do time devem pegar a bola, que será devolvida à equipe adversária pelo 5º jogador, sem que a bola tenha tocado no chão e sem tê-la retido nas mãos durante tempo superior a 5 segundos. Realizada a ação completa, a equipe ganha um ponto. Caso a bola caia no chão, ou seja, passada ao campo adversário sem que todos os componentes da equipe a tenham segurado, será saque da equipe adversária. Vence a equipe que conseguir marcar 20 pontos primeiro.
Variável: Se o grupo tiver mais de 10 componentes, é possível uma variação do jogo para que todos participem. Neste caso, a turma será dividida em dois grupos. Cinco alunos ficarão sentados em posições numeradas pré-definidas

dentro da quadra e o restante se posicionará em coluna fora da quadra. Para cada saque realizado pelo jogador da posição "n" haverá um rodízio no sentido horário. Ou seja, os alunos numerados de 1 a 5 girarão, o que ocasionará a saída do nº 5, quando o nº 4 ocupará seu lugar; a posição 4 será ocupada pelo jogador 3, e assim consecutivamente, permitindo que o 6º jogador posicionado fora da quadra entre no jogo, ocupando a posição de nº 1.

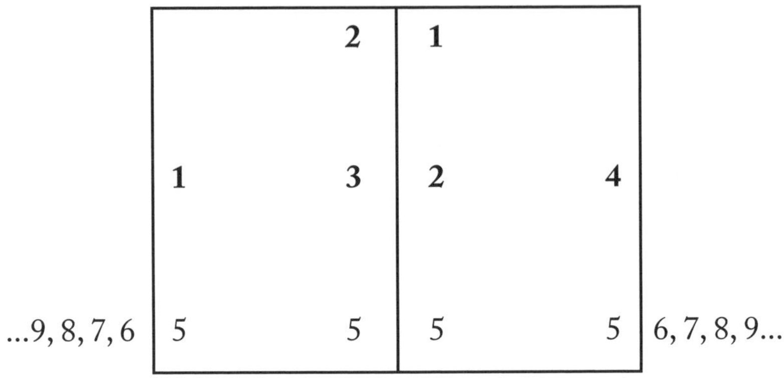

Em situação de inclusão: Quando em uma equipe houver um cadeirante, o professor deverá fazer com que o jogador da posição nº1. da equipe adversária mantenha-se sentado enquanto o aluno cadeirante estiver na quadra. Quando este aluno sair para se posicionar na coluna, completado o rodízio, o time oposto não precisará ter um aluno sentado.

BOLA NO CENTRO

Número de Participantes: livre.
Material Necessário: 1 bola.
Local: quadra com goleiras.
Formação dos Alunos: 2 fileiras, uma de frente para a outra.
Descrição do Jogo: Formam-se duas fileiras com igual número de integrantes, sentados no chão ou em cadeiras de rodas, todos eles numerados. Quando o professor gritar um ou mais números, os integrantes chamados deverão ir ao encontro da bola e tentar pegá-la para marcar gols com as mãos. Não é necessário goleiro. Vence a equipe que tiver marcado maior número de gols, após todos os componentes terem feito arremesso a gol.

BOLA AO CESTO

Número de Participantes: 8.
Material Necessário: 1 bola.
Local: quadra de basquete ou similar.
Formação dos Alunos: sentados no chão ou na cadeira de rodas.
Descrição do Jogo: Serão formadas duas equipes com o mesmo número de integrantes cada. A quadra deverá ser dividida no centro, formando duas zonas. As equipes ficarão posicionadas de forma mista, ou seja, em cada zona da quadra haverá jogadores de ambas as equipes, ali posicionados de forma a marcar ou impedir a efetivação da cesta. Cada time tentará marcar pontos na cesta pré-determinada pelo professor. A bola não deverá ser quicada, nem rolada ou mantida presa enquanto o jogador se locomove. Serão efetuados apenas passes. Vence a equipe que efetuar o maior número de cestas dentro do tempo determinado pelo professor.
Variável: A quadra poderá ser dividida em mais zonas. Também cada equipe poderá contar com um "coringa" que estará posicionado nas laterais da quadra. A função dele será auxiliar a equipe no momento em que ela não conseguir se movimentar em função da defesa. Neste momento, é possível arremessar a bola para o jogador "coringa", que a passará para o outro lado da quadra. Esse jogador não poderá fazer arremessos à cesta. Cada equipe terá seu próprio "coringa" posicionado em linhas laterais opostas.
Em situação de inclusão: Na mesma posição (zona) onde houver um cadeirante, a equipe adversária deverá manter um jogador sentado no chão, seguindo as mesmas regras. Também se pode fazer com que todos os jogadores sentem-se no chão.

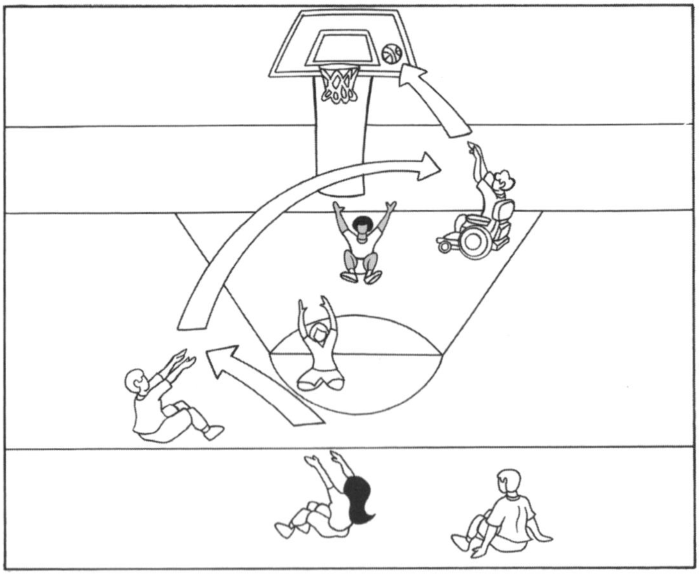

GOLEIRAS GÊMEAS

Número de Participantes: 8.
Material Necessário: 1 bola.
Local: quadra de futsal ou similar.
Formação dos Alunos: sentados no chão ou na cadeira de rodas.
Descrição do Jogo: O professor disporá as goleiras na linha central da quadra de futsal, uma de costas para a outra. Os componentes das equipes estarão dispersos pela quadra, misturados entre si. Através de passes, cada equipe tentará marcar gols na goleira do time adversário, enquanto o time oposto tenta interceptar a bola que não deverá ser quicada, rolada ou mantida entre as mãos, sendo passada de forma rápida e sucessiva aos companheiros.
Em situação de inclusão: Se na turma houver um aluno cadeirante, a equipe adversária deverá ter um aluno sentado. Nesse caso, o cadeirante ou o aluno sentado deverá ser o realizador do arremesso a gol ou o lançador da bola ao jogador que efetuará o arremesso. Também se pode fazer com que todos permancçam sentados no chão durante o jogo, inclusive o goleiro.

CORRIDA DOS ARCOS

Número de Participantes: livre.
Material Necessário: arcos.
Local: quadra.
Formação dos Alunos: fileira.
Descrição do Jogo: Os alunos, na cadeira de rodas ou sentados no chão, estarão posicionados na linha de fundo da quadra, cada um com dois arcos. Cada aluno estará segurando um dos arcos na mão, e outro estará no chão a sua frente. Ao sinal dado pelo professor, o aluno deverá entrar no arco colocado no chão e colocar o outro arco no chão, a sua frente; em seguida ele deverá entrar no arco que está no chão e pegar o arco que ficou para trás. Sucessivamente, posicionará e entrará nos arcos até chegar ao outro lado da quadra. Vence o primeiro que chegar.
Em situação de inclusão: Todos os alunos deverão estar sentados no chão.

CORRIDA COM AS MÃOS AMARRADAS

Número de Participantes: livre.
Material Necessário: barbante.
Local: quadra.
Formação dos Alunos: sentados em duplas, no fundo da quadra.
Descrição do Jogo: Os alunos formarão duplas, unidos pelos pulsos com barbantes. Ao sinal dado pelo professor, as duplas deverão se deslocar sem arrebentar o barbante até o outro lado da quadra. Vence a dupla que primeiro alcançar o objetivo.

PEGUE O BALÃO

Número de Participantes: livre.
Material Necessário: balões e barbante.
Local: quadra.
Formação dos Alunos: livres pela quadra, sentados na cadeira de rodas ou no chão.
Descrição do Jogo: Os alunos estarão livres pela quadra. Os cadeirantes estarão com um balão amarrado atrás da cadeira, enquanto aqueles que estiverem sentados no chão o levarão amarrados na cintura. O objetivo do jogo é estourar os balões dos companheiros e proteger o seu. Vence aquele que ficar com seu balão intacto quando todos os outros tiverem o seu estourado.

SOCO-BALL

Número de Participantes: máximo 10.
Material Necessário: 1 bola e coletes em duas cores.
Local: quadra de voleibol ou similar.
Formação dos Alunos: livres pela quadra, sentados no chão ou em cadeiras de rodas.
Descrição do Jogo: Duas equipes com cinco integrantes cada estarão dispostas na quadra de vôlei. O objetivo será conduzir a bola através de pequenos socos até a linha de fundo da quadra, que estará demarcada com cones. A bola somente poderá ser conduzida através de toques com a mão fechada que façam com que ela role pelo chão, não podendo ser quicada ou tocada com a mão espalmada.

CHEGAR À META

Número de Participantes: livre.
Material Necessário: 1 balão e barbante.
Local: quadra.
Formação dos Alunos: Duas equipes com o mesmo número de jogadores. O objetivo principal é chegar e tocar no balão que estará pendurado na goleira adversária, o que confere um ponto. Mas, se a pessoa que está indo em direção ao balão for tocada por alguém do outro time, deverá ficar parada até que outro do mesmo time o toque para que possa continuar. Quando um dos integrantes do time conseguir tocar no balão, deverá gritar "Ponto!". Vence a equipe que fizer maior número de pontos no tempo determinado pelo professor.
Em situação de inclusão: Todos os alunos deverão estar sentados no chão da quadra, deslocando-se através do apoio com as mãos.

JOGO DAS PALMAS

Número de Participantes: de 6 a 20.
Material Necessário: nenhum.
Local: sala ou quadra.
Formação dos Alunos: sentados no chão.
Descrição do Jogo: Os participantes sentados no chão em círculo; quando o orientador ergue os braços, os participantes batem palmas; quando ele os abaixa, batem também. O professor aumenta ou diminui o ritmo de erguer e abaixar os braços, enquanto os alunos seguem os movimentos com palmas, no mesmo ritmo.
Variação: O professor pode fazer com que um aluno inicie a brincadeira, passando depois o comando para outro integrante do grupo.

PC - ROLA BOLA[1]

Número de Participantes: livre.
Material Necessário: bola leve.
Local: sala com piso macio ou forrado com colchonetes.
Formação dos Alunos: deitados ou sentados no chão.
Descrição do Jogo: Cada aluno deverá empurrar a bola, como conseguir, até a zona definida pelo professor, podendo ser um arco grande no chão ou atrás de uma linha desenhada no chão com giz. Após os alunos terem completado o percurso, o professor deverá propor que eles desloquem a bola utilizando uma outra parte do corpo, e assim sucessivamente.

[1] Os jogos chamados PC-Rola Bola, PC-Bola ao Alvo, P-taCo, PisCa PisCa e PeteCo são indicados para alunos com paralisia cerebral com comprometimento dos membros superiores e inferiores.

PC - BOLA AO ALVO

Número de Participantes: livre.
Material Necessário: bola leve.
Local: sala.
Formação dos Alunos: sentados no chão.
Descrição do Jogo: O aluno deverá acertar a bola em um alvo determinado pelo professor. O alvo deverá estar ao alcance do aluno. A bola poderá ser arremessada ou rolada com qualquer parte do corpo, até mesmo com o queixo.

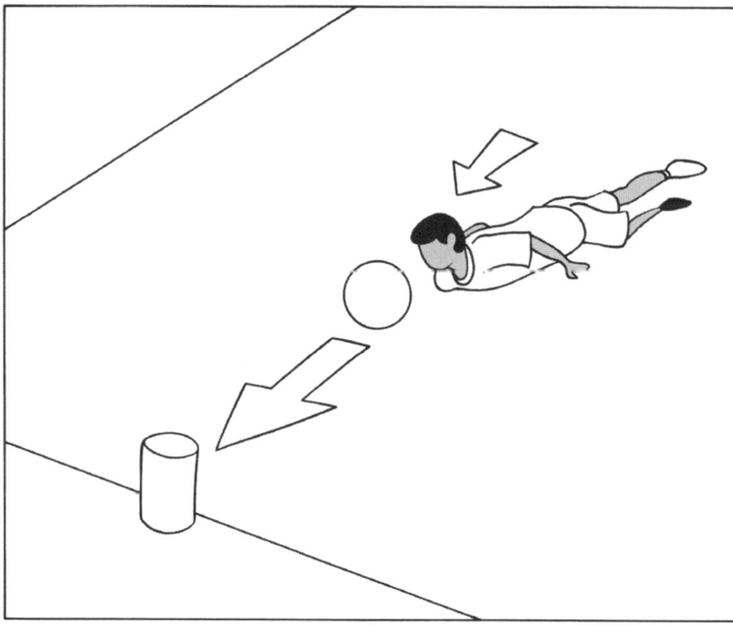

P - TACO

Número de Participantes: livre.
Material Necessário: bola leve de tamanho médio, um taco de plástico.
Local: sala com piso macio.
Formação dos Alunos: deitados ou sentados no chão.
Descrição do Jogo: O aluno deverá jogar a bola para outro colega (ou professor), que tentará pegá-la. O aluno poderá segurar o taco, ou este deverá ter um gancho que estará preso ao aluno. O tamanho do taco deverá ser adaptado pelo professor.

PISCA-PISCA

Número de Participantes: livre.
Material Necessário: nenhum.
Local: sala.
Formação dos Alunos: em círculo, sentados no chão ou na cadeira de rodas.
Descrição do Jogo: Os alunos deverão estar em círculo, sentados no chão ou na cadeira de rodas. Será feita uma combinação prévia de três códigos que serão utilizados na atividade. Um aluno escolhido pelo professor deverá dar início à seqüência de códigos girando o tronco para o colega que estará ao lado esquerdo, que deverá dar continuidade ao jogo. Os componentes do círculo deverão percorrer a seguinte ordem: 1º piscar os dois olhos; 2º girar a cabeça para o lado esquerdo e direito; 3º flexionar o pescoço. Quando o aluno se enganar no movimento, deverá imitar um animal.
Variável: A ordem poderá ser invertida conforme a direção da rotação do tronco daquele que está seguindo a seqüência, podendo ser ora para o colega da esquerda e ora para o colega da direita.

PETECO

Número de Participantes: livre.
Material Necessário: balão e barbante.
Local: sala.
Formação dos Alunos: em círculo, sentados no chão ou na cadeira de rodas.
Descrição do Jogo: Os alunos deverão tocar o balão que estará pendurado no centro do círculo (do teto até a altura dos alunos). O objetivo do jogo é fazer com que os alunos do círculo toquem no balão e o "passem" para o outro integrante do círculo, fazendo o maior número de "passes" possíveis. O professor, juntamente com os alunos, deverá contar quantas vezes o balão foi tocado sem que tenha parado.

REFERÊNCIAS

ADAMS, R. C. et al. **Jogos, esportes e exercícios para o deficiente físico**. Tradução de Ângela G. Marx. 3. ed. São Paulo: Manole, 1985.

ALBRIGHT, A. C. **Choreographing difference:** the body and identity in contemporary dance. Hanover: Wesleyan University Press, 1997.

ALENCAR, B. **Paraolimpíada:** o Brasil no pódio. Rio de Janeiro: (s.e.), 1997.

ALMEIDA, J. J. G.; CONDE, A. J. M. Metodologia aplicada ao deficiente visual. **Curso de Capacitação de Professores Multiplicadores em Educação Física Adaptada**. Brasília: MEC/Secretaria de Educação Especial, 2002. p. 123-58.

ARAÚJO, P. F. **Desporto adaptado no Brasil**: origem, institucionalização e atualidade. Brasília: Ministério da Educação e do Desporto/INDESP 1998.

CARMO, A. A. **Deficiência Física**: a sociedade brasileira cria, recupera e discrimina. 2. ed. Brasília: MEC/Secretaria dos Desportos, 1994.

COMITÊ PARAOLÍMPICO BRASILEIRO – CPB. Disponível em: <http//www.cpb.org.br>. Acesso em: 19 jun. 2004.

CONDE, A. J. M. A pessoa portadora de deficiência visual, seu corpo, seu movimento e seu mundo. **Educação Física e Desporto para Pessoas Portadoras de Deficiência**. Brasília: MEC-SEDES, SESI-DN, 1994. p.87-98.

CONSELHO FEDERAL DE EDUCAÇÃO FÍSICA – CONFEF. Leis. Disponível em: <http//www.confef.org.br>. Acesso em 15 mar. 2004.

COSTA, A. M. **Educação Física e esportes adaptados**. Uberlândia: Universidade Federal de Uberlândia (s.d.) v. 1 (Apostila).

DAVIS, M. M. **Disabilities**: emotional, mental and learning desabilities. physical education programs for handicapped, students in Iowa. Des Moines: Drake University, 1980. cap. 2, p. 45-61. Prepared by Iowa State/Department of Special Division. Material digitado.

DIEHL, R. M. **Qualidade e cinesfera do movimento de jogadores de basquete em cadeira de rodas.** 1998. 104 f. Dissertação (Mestrado em Ciências do Movimento Humano) – Escola de Educação Física, Universidade Federal do Rio Grande do Sul, Porto Alegre, 1998.

______. Lazer Surdo na perspectiva multicultural. In: Encontro Nacional de Recreação e Lazer, 14., 2002, Santa Cruz do Sul. **Coletânea...** Santa Cruz do Sul: UNISC, 2002. 1 CD-ROM.

______. Atividade motora adaptada. In: Encontro Nacional de Profissonais de Educação Física, 29, 2003, Capão da Canoa. **Anais...** Capão da Canoa, 2003. p. 22.

DIEHL, R. M.; PERIN, L. F. Capoeira as estimulance for the perceptive and motoric development of deaf adolescents. In: International Symposium Adapted Physcal Activity, 13, 2001, Viena, Áustria. **Abstracts...** Viena, 2001. p. 130-1.

Diehl, R. M.; Ferreira, P. S. Equilíbrio e coordenação motora de crianças e adolescentes surdos. In: Congresso Brasileiro de Atividade Motora Adaptada, 4, 2001, Curitiba. **Anais...** Curitiba, 2001. p. 45-7.

______. Desempenho motor de adolescentes surdos. In. Simpósio International de Ciência do Esporte, 26, 2003, São Paulo. **Anais...** São Paulo, 2003. p. 214.

Diehl, R. M.; Diaz, W. B. P. Desporto na escola especial para alunos com deficiência mental. In: Congresso de Atividade Motora Adaptada do Mercosul, 1, 2002, Porto Alegre. **Anais...** Porto Alegre: Puc, 2002. 1 Cd-Rom.

Duarte, E.; Araújo, U. **Neuropatologia**. Curso de Capacitação de Professores Multiplicadores em Educação Física Adaptada. Brasília: Mec/Secretaria de Educação Especial, 2002. p. 23-41.

Ferreira, S. **Atividades motoras para deficientes auditivos**. Educação Física e Desporto para Pessoas Portadoras de Deficiência. Brasília: Mec-Sedes, Sesi-Dn, 1994. p. 99-114.

Freitas, P. S.; Cidade, R. E. A. **Noções sobre educação física e esporte para pessoas portadoras de deficiência.** Uberlândia: Gráfica Breda, 1997.

Fundação Hilton Rocha. **Ensaio sobre a problemática da cegueira:** prevenção-recuperação-reabilitação. Belo Horizonte, 1987, p. 79-145.

Gabbard, C.P. **Lifelong motor development**. 3. ed. Boston: Allyn & Bacon, 2000.

Gallahue, D.; Ozmun, J. **Understanding motor development**: infant, children, adolescents, adults. 4. ed. rev. Boston: McGraw-Hill, 1998.

Gardner, H. **Estruturas da Mente**: a teoria das inteligências múltiplas. Porto Alegre: Artes Médicas Sul, 1994.

Haywood, K. M.; Getchell, N. **Desenvolvimento motor ao longo da vida**. Tradução de Ricardo D. S. Petersen e Fernando de Siqueira Rodrigues. 3. ed. Porto Alegre: Artmed, 2004.

International Paralympic Committee – Ipc. Disponível em: <http//www.paralympic.org>. Acesso em: 22 mai. 2004.

Instituto Brasileiro de Geografia e Estatística – Ibge. **Censo 1990 e 2000** – Deficiências. Disponível em: <http//www.sidra.ibge.gov.br/bda/acervo/default.asp?z=t&o=2>. Acesso em: 24 abr. 2003.

Jannuzzi, G. **A luta pela educação do deficiente mental no Brasil**. São Paulo: Cortez Autores Associados, 1985.

Leite, C. G. Alfabetização de adultos portadores de deficiência visual. Benjamin Constant: publicação técnico-científica do Centro de Pesquisa, **Documentação e Informação do Instituto Benjamin Constant/Mec – Ibcentro,** Rio de Janeiro, ano 9, n. 24, p. 3-13, abr. 2003.

Lemos, E. R. José Álvares de Azevedo: patrono da educação dos cegos no Brasil. Benjamin Constant: publicação técnico-científica do Centro de Pesquisa, **Documenta-**

ção e Informação do Instituto Benjamin Constant/Mec – Ibcentro, Rio de Janeiro, ano 9, n. 24, p. 31-32, abr. 2003.

Manual Diagnóstico e Estatístico de Transtornos Mentais: Dsm-IV. Preparado pela Task Force on DSM-IV e outras comissões e grupos de trabalho da American Psychiatric Association. 4. ed. Porto Alegre: Artmed, 2002.

Nahas, M. V. **Atividade física, saúde e qualidade de vida: conceitos e sugestões para um estilo de vida ativo**. Londrina: Midiograf, 2001.

Oliveira, J. A. A.; Oliveira, T. H.F. **Avaliação da audição**. Otorrinolaringologia: princípios e práticas. Porto Alegre: Artes Médicas, p. 79-97, 1994.

O´sullivan, S. B.; Cullen, K. E.; Schmitz, T. J. **Fisioterapia**: tratamento, procedimentos e avaliação. São Paulo: Manole, 1983.

Perlin, G. T. T. Identidades Surdas. In: Skliar, C. (Org.) **A Surdez**: um olhar sobre as diferenças. Porto Alegre: Mediação, 1998. p. 51-73.

Projeto Cão-Guia de Cegos. In: **INTEGRA – Instituto de Integração Social e de Promoção da Cidadania.** Disponível em: <http//www.mpdft.gov.br/sicorde/caoguia.htm#02>. Acesso em: 4 jul. 2003.

Rose, C. L. **Action Profiling**: movement awareness for better manangement. Plymouth: MacDonald & Evans, 1978.

Sánchez, L. M. C. **Las necesidades educativas especiales del niño con deficiência motora**; tema uno: definición y classificación. Madrid: Centro Nacional de Recursos para la Educación Especial, 1990.

Silva, T. T. A política e a epistemologia do corpo normalizado. **Espaço Aberto**: informativo técnico científico do Instituto Nacional de Educação de Surdos – Ines, Rio de Janeiro, n. 8, p. 3-15, dez. 1997.

Skliar, C. Uma perspectiva sócio-histórica sobre a psicologia e a educação dos surdos. In: Skliar, C. (Org.). **Educação & Exclusão**: abordagens sócio-antropológicas na educação especial. 2. ed. Porto Alegre: Mediação, 1999. p. 105-53.

______. **Pedagogia (improvável da diferença)**: e se o outro não estivesse aí? Rio de Janeiro: DP&A, 2003.

Sociedade Bíblica do Brasil. **A Bíblia Sagrada**: o Novo e o Velho Testamento. São Paulo: Sociedade Bíblica do Brasil, 1999. Edição revista e corrigida.

Sociedade Brasileira De Atividade Motora Adaptada – Sobama. Disponível em: <http//www. sobama.org.br>. Acesso em: 14 jun. 2004.

SOUZA, P. A. **O esporte na paraplegia e tetraplegia**. Rio de Janeiro: Guanabara Koogan, 1994.

Special Olympics Delaware – Sode. History. Disponível em: <http//www. sode.org.>. Acesso em: 27 mai. 2004.

Strohkendl, H. **The 50th anniversary of wheelchair basketball**: a history. New York: Waxmann, 1996.

Thompson, M. W.; Mcinnes, R. R.; Willard, H. F. **Thompson & Thompson genética médica**. Tradução de Marcio Moacyr de Vasconcelos. 5. ed. Rio de Janeiro: Guanabara Koogan, 1991.

Vrissimtzis, N. A. **Amor, sexo e casamento na Grécia Antiga**. Tradução de Luiz Alberto Machado Cabral. São Paulo: Odysseus, 2002.

Winnick, J. **Educação física e esportes adaptados**. Tradução de Fernando Augusto Lopes. Barueri: Manole, 2004.

Wrigley, O. **The politics of deafness**. Washington: Gallaudet University Press, 1996.

BIBLIOGRAFIA CONSULTADA

Aberastury, A. **A criança e seus jogos**. Porto Alegre: Artes Médicas, 1992.

Ballone, G. J. Autismo Infantil. In: **Psiqweb, Psiquiatria Geral**. Disponível em: <http://www.psiqweb.med.br/infantil/autismo.html>. Acesso em: mai. 2003.

Bartenieff, I.; Lewis, D. **Body movement**: coping with the enviroment. New York: Gordon and Breach, 1980.

Bee, H. **O ciclo da vida**. Porto Alegre: Artes Médicas, 1997.

Broich, J. **Jogos para crianças**: mais de cem brincadeiras com movimento, tensão e ação. 5. ed. São Paulo: Loyola, 2002.

Bronfenbrenner, U. **A ecologia do movimento humano**: experimentos naturais e planejados. Porto Alegre: Artes Médicas, 1996.

Brown, G. **Jogos cooperativos:** teoria e prática. 4. ed. São Leopoldo: Sinodal, 1994.

Conselho Nacional dos Direitos da Pessoa Portadora de Deficiência – Conade. **Legislação**. Disponível em <http//www.mj.gov/sedh/ct/conade/legislação_sub.asp>. Acesso em: 14 mar. 2003.

Coordenadoria Nacional para Integração da Pessoa Portadora de Deficiência – Corde. **Língua Brasileira de Sinais** – Libras. Disponível em <http/mj.gov/sedh/dpdh/corde/pl4857.htm> Acesso em 14 mar. 2003.

Critérios para diagnóstico do autismo. Disponível em: <http//www.ama.org.Br/icd-10.htm>. Acesso em 2003.

Dietrich et al. **Os grandes jogos**: metodologia e prática. Rio de Janeiro: Livro Técnico, 1976.

DOMAN, G. **What to do about your brain-injured child**. New York: Garden City Park, 1994.

EMERY, A. E. H. **Muscular dystrophy**: the facts. New York: Oxford University Press, 1994.

FELDENKRAIS, M. **Consciência pelo movimento**: exercícios fáceis de fazer para melhorar a postura, visão, imaginação e percepção de si mesmo. São Paulo: Summus, 1977.

FERREIRA, M. R. **Deficiência física e a inserção social**: a formação de recursos humanos. Caxias do Sul: UCS, 1984.

FONSECA, V. **Educação especial; programa de estimulação precoce**: uma introdução às idéias de Fuerstein. 2. ed. rev. aum. Porto Alegre: Artes Médicas, 1995.

FREIRE, J. B. **Da criança, do brinquedo e do esporte**. Motrivivência, Florianópolis, v. 6, n. 4, p. 22-9, jun. 1993.

FRIEDMANN, A. **A arte de brincar**: brincadeiras e jogos tradicionais. Petrópolis: Vozes, 2004.

FRITZEN, S. J. **Dinâmicas de recreação e jogos**. 21. ed. Petrópolis: Vozes, 2000.

FUX, M. **Formação em dançaterapia**. São Paulo: Summus, 1996.

GRECO, P. J. **Iniciação esportiva universal**. Belo Horizonte: UFMG, 1998. v. 2.

HODGSON, J.; PRESTON-DUNLOP V. **Rudolf Laban**: an introduction to his work e influence. Plymouth: Northcote House, 1990.

INTERNATIONAL BLIND SPORT FEDERATION – IBSA. Disponível em: <http//www.ibsa.es/eng>. Acesso em: 19 jun. 2004.

INTERNATIONAL CLASSIFICATION OF FUNCTIONING, DISABILITY AND HEALTH – ICF. Disponível em: <http// www3.who.int/icf/icftemplate>. Acesso em: 4 abr. 2004.

INTERNATIONAL COMMITTE OF SPORTS FOR THE DEAF – CISS. History. Disponível em: <http//www.ciss.org>. Acesso em: 27 mai. 2004.

LABAN, R. **Domínio do movimento**. Rio de Janeiro: Summus, 1978. (Ed. org. por Lisa Ulmann).

LE BOULCH, J. **Hacia una ciencia del movimiento humano**: introdución a la psicokinética. Buenos Aires: Paidós, 1991.

LEVY, F. J. **Dance and other expressive art therapies**: when words are not enough. New York: Routlege, 1995.

MELLO, M. T. de. **Paraolimpíadas Sidney 2000**: avaliação e prescrição do treinamento dos atletas brasileiros. São Paulo: Atheneu, 2002.

MIRANDA, N. **200 jogos infantis**. Belo Horizonte: Itatiaia, 1989.

MIRANDA, R. **O movimento expressivo**. Rio de Janeiro: FUNART, 1980.

MORENO, G. **Recreação 1.000 com acessórios**. Rio de Janeiro: Sprint, 2003.

NORTH, M. **Movement e dance education**: a guide for the primary e middle school teacher. Plymouth: Northcote House, 1990.

ORGANIZAÇÃO MUNDIAL DA SAÚDE. **Classificação internacional das deficiências, incapacidades e desvantagens (handucaps)**. Lisboa: Secretariado Nacional de Reabilitação de Lisboa, 1994.

PAIVA, I. M. R. **Brinquedos Cantados**. Rio de Janeiro: Sprint, 1998. (Inclui fita cassete)

PAULA, R. S. **Basquete**: metodologia do ensino. Rio de Janeiro: Sprint, 1994.

PINTO, J. R. **Corpo, movimento e educação**: o desafio da criança e adolescentes deficientes sociais. Rio de Janeiro: Sprint, 1997.

PAZ, C. R. L.; SANCHEZ; DELIA, C. **Recreação na terceira idade**. 2. ed. Rio de Janeiro: Sprint, 1998.

PORRETTA, D. L. In: WINNICK, Joseph P. **Adapted physical education and sport**. Champaign: Human Kinetics Books, 1990, cap. 25, p. 409-29.

POTRICH, A. C.; DIEHL, R. M. Deficiência Física. In: CAMARGO NETTO, F. **Desporto adaptado a portadores de deficiência**: basquete. Porto Alegre: UFRGS/INDESP, 1996. cap. 3, p. 7-10.

PUJADE-RENAUD, C. **Linguagem do silêncio**: expressão corporal. São Paulo: Summus, 1990.

RAMSDEN, P. The Action Profile sistem of movement assessment for self development. In: PAYNE, H. (ed.) Dance movement therapy: **theory and practice**. London: Tavistock/ Routledge, 1996. cap. 11, p. 218-41.

RIO GRANDE DO SUL. Assembléia Legislativa. Comissão Especial para Assuntos dos Portadores de Deficiência. **Relatório Final**. Porto Alegre: CORAG, 1992.

SHILDER, P. **A imagem do corpo:** as energias construtivas da psique. São Paulo: Martins Fontes, 1994.

VAYER, P. **O equilíbrio corporal**: uma abordagem dinâmica dos problemas da atitude e do comportamento. Porto Alegre: Artes Médicas, 1984.

VELASCO, C. G. **Brincar**: o despertar psicomotor. Rio de Janeiro: Sprint, 1996.

DICAS DE *SITES*

www.abda.org.br – Associação Brasileira do Desporto para Amputados – Abda
www.abdcnet.com.br – Associação Brasileira de Desporto para Cegos – Abdc
www.abdem.com.br – Associação Brasileira de Desporto de Deficientes Mentais – Abdem
www.abradecar.org.br – Associação Brasileira do Desporto em Cadeira de Rodas – Abradecar
www.acessobrasil.org.br – Acessibilidade Brasil – Sociedade formada por profissionais de diferentes áreas que apóiam e informam a comunidade com deficiência.
www.add.org.br – Associação Desportiva para Deficientes
www.ama.org.br – Associação de Amigos do Autista – Ama
www.ande.org.br – Associação Nacional de Desportos para Deficientes
www.atenas2004.com.br – Olimpíadas de Atenas
www.cedipod.org.br – Centro de Documentação e Informação do Portador de Deficiência – Cedipod
www.ciss.org – International Committee of Sports for the Deaf – Ciss
www.cob.org.br – Comitê Olímpico Brasileiro – Cob
www.cpb.org.br – Comitê Paraolímpico Brasileiro – Cpb
www.deaflympics.com - Olimpíadas de Surdos
www.dicionariolibras.com.br – Dicionário de Libras *on line*
www.disabilityfilm.clara.net – *Site* com indicação de filmes
www.entreamigos.com.br – Rede de Informações sobre Deficiência
www.esporte.gov.br – Ministério do Esporte
www.faders.rs.gov.br – Fundação de Articulação e Desemvolvimento de Políticas Públicas para Ppds e Ppahs no RS - Faders
www.fapiso.com.br – Força de Apoio e Integração Surdo / Ouvinte – Fapiso
www.feneis.com.br – Federação Nacional de Educação e Integração dos Surdos – Feneis
www.ibcnet.org.br – Instituto Benjamin Constant – IBC
www.ines.org.br – Instituto Nacional de Educação de Surdos – Ines
www.mec.gov.br – Ministério da Educação e Cultura (Secretaria de Educação Especial)
www.mj.gov/sedh/ct/conade/index – Conselho Nacional dos Direitos da Pessoa Portadora de Deficiência – Conade
www.mj.gov/sedh/dpdh/corde/corde.htm – Coordenadoria Nacional para Integração de Pessoa Portadora de Deficiência – Corde
www.net-egypt.com/ascod – African Sports Confederation Of Disabled (Ascod)
www.oebsv.or.at/ – Comitê Paraolímpico Austríaco
www.paralympic.org/epc/ – European Paralympic Committee (Epc)
www.signwriting.org – *Site* sobre a escrita de sinais
www.sobama.org.br – Sociedade Brasileira de Atividade Motora Adaptada – Sobama
www.sode.org – Special Olympics Delaware – Sode

DICAS DE FILMES

A Música e o Silêncio – menina que toma conta dos pais surdos apaixona-se pela música. Direção de Caroline Link, ALE, 1996,

A Pessoa é para o que Nasce – documentário sobre três irmãs cegas, nordestinas, que ganham a vida cantando e tocando ganzá em troca de esmolas. Direção de Roberto Erliner, BRA, 2004.

À Primeira Vista - Casal apaixonado, em que ele é um cego submetido a um tratamento experimental. Baseado em livro de Oliver Sacks. Direção de Irwin Winkler, EUA, 1999.

Amargo Regresso – Mulher casada se apaixona por um paraplégico veterano do Vietnã, quando vai trabalhar em um hospital. Direção de Stephen Herek, EUA, 1995.

Bicho de Sete Cabeças – O dia-a-dia de um jovem colocado, por seu pai, em um manicômio. Direção de Laís Bodanzky, BRA, 2000.

Carne Trêmula – Homem que ficou tetraplégico após receber um tiro joga basquete em cadeira de rodas. Direção de Pedro Almodóvar, ESP, 1997.

Código para o Inferno – Menino autista descobre senha que dá acesso a um programa secreto do governo americano, passando a ser perseguido. Com seus pais assassinados, ele passa a ser protegido por um agente do FBI. Direção de Harold Becker, EUA, 1998.

Dançando no Escuro – Operária tem uma doença hereditária que faz perder a visão, o que poderá ocorrer também a seu filho. Direção de Lars Von Trier, FRA, 2000.

Do Luto à Luta – Documentário sobre portadores de Síndrome de Down, que mostra as capacidades desses indivíduos. Direção de Evaldo Mocarzel, BRA, 2005.

Feliz Ano Velho – Jovem torna-se paraplégico, após mergulho em águas rasas. Direção de Roberto Gervitz, BRA, 1987.

Forrest Gump – Contador de Histórias – 40 anos da história dos EUA vistos pelos olhos de um rapaz com QI abaixo da média. Direção de Robert Zemeckis, EUA, 1994.

Gaby – História verídica de menina nascida com deficiência e torna-se escritora, escrevendo com seu pé esquerdo. Direção de Luis Mandoki, EUA/MEX, 1987.

Gilbert Grape - Aprendiz de Sonhador – Jovem que cuida do irmão com deficiência mental. Direção de Lasse Hallström, EUA, 1993.

Janela da Alma – Documentário com personalidades portadoras de deficiência visual, tais como Hermeto Pascoal, Wim Wenders e José Saramago, entre outros. Direção de João Jardim, BRA, 2002.

Mar Adentro – História verídica sobre um espanhol que ficou tetraplégico após um mergulho. Ela viveu 29 anos sendo cuidado por familiares e lutando pelo direito de morrer, levando seu caso aos tribunais. Direção de Alejandro Amenabar, ESP, 2004.

Meu Nome é Radio – (deficiência mental) Relação de amizade entre o técnico de futebol de uma escola e um jogador com problemas mentais. Direção de Michael Tollin, EUA, 2004.

Meu Pé Esquerdo – Homem com paralisia cerebral desde o nascimento consegue mostrar ao mundo sua inteligência e talento através da arte. Direção de Jim Sheridan, IRL, 1989.

Mercury – (autismo) Menino autista descobre a senha que dá acesso a um programa secreto do governo americano e atravessa momentos de perigo com a ajuda de um agente do FBI. Direção de Harold Becker, EUA, 1998.

Mr. Holland – Adorável Professor – Músico que sonha compor uma sinfonia começa a lecionar. Sua mulher dá à luz um filho, que mais tarde eles descobrem ser surdo. Direção de Stephen Herek, EUA, 1995.

Murderball – Paixão e Glória – Documentário que mostra o dia-a-dia de um time de rugby composto por cadeirantes. Direção: Dana Adam Shapiro, EUA, 2005.

Nascido em 4 de Julho – Soldado americano é ferido lutando no Vietnã, ficando paraplégico. Direção de Oliver Stone, EUA, 1989.

Nell – Jovem afastada do contato com outros seres humanos torna-se objeto de curiosidade e estudo de dois cientistas, que desejam adotar métodos diferentes para que ela se adapte à civilização. Direção de Michael Apted, EUA, 1994.

O Milagre de Anne Sullivan – Professora auxilia garota surda-cega a adaptar-se ao cotidiano. Direção de Arthur Penn, EUA, 1962.

O Piano – Mulher muda que vai viver em outro país com sua filha. Ilustra como a sensibilidade, ou a ausência dela, influencia no relacionamento com pessoas portadoras de deficiência. Direção de Jane Campion, Nova Zelândia, 1993.

O Sino de Anya – A amizade entre uma mulher cega e seu vizinho, um garoto de 12 anos de idade. Direção de Tom McLoughlin, EUA, 1999.

Oitavo Dia – Filme em que o ator que representa um portador da Síndrome de Down é interpretado por um real portador da síndrome. Direção de Jacó Von Dormael, FRA.

Perfume de Mulher – Militar cego contrata jovem estudante para que o ajude a passar um fim de semana em grande estilo. Direção de Martim Brest, EUA, 1992.

Rain Man – Autista com limitações mentais. Ele e o irmão convivem juntos, redescobrindo antigos sentimentos. Direção de Barry Levinson, EUA, 1988.

Simples como Amar – Garota "mentalmente lenta" começa a namorar. Direção de Garry Marshall, EUA, 1999.

Uma Lição de Amor – Pai com deficiência mental quer criar sua filha. Ao perder sua guarda, recebe ajuda de uma advogada para provar que pode ser responsável por sua educação. Direção de Jessie Nelson, EUA, 2001.

Uma Mente Brilhante – (esquizofrenia) História real de um homem ganhador do prêmio Nobel, considerado esquizofrênico pelos médicos. Direção de Ron Howard, EUA, 2001.

Sobre o Livro
Formato: 17 x 24 cm
Mancha: 13 x 20 cm
Tipologia: Adobe Caslon Pro
Papel: *Off set* 75 g

Equipe de Realização
Edição de Texto
Nathalia Ferrarezi (Revisão)
Editoração Eletrônica
Márcio Maia (Capa, Projeto Gráfico)
Renata Tavares (Diagramação)
Altemar Domigos (Ilustração)
Ray Moreton, Márcio Maia, Talita Gnidarchichi,
Sérgio Ricardo Rodrigues (Fotografia)
Impressão
Intergraf Ind. Gráfica Eireli